# PROMENADE

## AU CENTRE

## DU GRAND-GENTILLY,

### PRES DE PARIS.

# PROMENADE

## AU CENTRE

## DU GRAND-GENTILLY,

### PRÈS DE PARIS,

Où il est fait mention des Maisons et Jardins les
plus remarquables qu'il renferme et de quelques
particularités ou anecdotes qui s'y r'attachent;

### SUIVIE

D'une esquisse descriptive et topographique de ses
environs, etc., etc ;

*Dédiée aux habitans de Gentilly.*

---

Heureux qui peut chanter, à l'abri des chagrins,
Les bois, les prés, les eaux, les champs et les jardins.

---

## PARIS,

Chez PELICQUET, Libraire, rue de Tournon, n°. 4,
Et chez les Marchands de Nouveautés.

1821.

# PRÉFACE.

—

Pour faire goûter au Lecteur les plaisirs de la promenade que j'ai faite avec deux de mes amis; pour l'identifier à eux, j'ai été forcé de décrire tout ce qui m'a paru les intéresser. Si mes descriptions ne répondaient point à mes vues, j'en serais sincèrement fâché. S'il en était autrement, je serais satisfait, bien convaincu alors que je ne me serais point laissé trop aller au plaisir que j'ai si vivement senti, en composant ce petit ouvrage.

Pendant que je m'en occupais, je me suis toujours imaginé que les deux amis, si estimables et si distingués, auxquels j'avais d'abord servi de guide, m'accompagnaient de nouveau à la promenade, et que nous repassions dans les mêmes lieux que nous avions parcourus ensemble.

Je crois devoir dire encore que ce sont ces mêmes amis qui, à peine revenus de leur promenade, m'engagèrent à faire une description des objets agréables et intéressans qui avaient fixé leur attention, et à exposer toutes les particularités parvenues à ma connaissance, qui auraient quelque rapport aux habitations que nous avions visitées.

Dès le lendemain de notre séparation, pour satisfaire à leur demande et pour mon propre amusement, je mis la main à l'œuvre, et, quinze jours après, ils eurent connaissance de mon faible essai. Excepté quelques notes, qui peut-être paraîtront bien longues, eu égard au texte *), il est, à peu de choses près, tel qu'il était alors. Quelque dénué qu'il soit de l'intérêt, dont tout autre que moi aurait pu le rendre susceptible, puisse-t-il au moins, malgré son imperfection, ne pas tout-à-fait déplaire au Lecteur!

A ces mots, qu'on vient de lire, j'ai cru devoir ajouter que cet essai m'avait été demandé par M. Quentin, sous-chef à la Préfecture, chargé de rassembler des matériaux pour un ouvrage sur toutes les communes du département de la Seine, ouvrage commencé depuis long-temps; j'ai cru, dis-je, devoir ajouter que cet essai m'avait été demandé par M. Quentin, pour placer, à la suite de ce qu'il doit dire sur la

---

*) Pour ne pas s'interrompre dans la promenade que je lui fais faire, j'engage le Lecteur à ne lire ces notes qu'après le texte.

commune de Gentilly, les morceaux
qu'il aurait jugés avoir le plus de rapport à son entreprise. Des circonstances
imprévues ont arrêté cet éditeur, et
l'ont mis dans l'impossibilité de se livrer entièrement à son objet, à une
époque rapprochée. Dégagé de la parole que je lui avais donnée, et après
avoir long-temps hésité, je me suis
enfin décidé à le mettre tout entier au
jour, présumant qu'il pouvait être de
quelque agrément à l'ami des jardins
et des paysages, et de quelque utilité à
ceux qui, pour leur instruction, ont
l'habitude de méditer sur des sujets sé-
rieux. Ce qui m'y aurait encore engagé,
c'est que je suis intimement persuadé
que ce ne sera pas sans quelque satisfaction que les habitans de Gentilly,
auxquels je fais hommage de mon
nouvel écrit, le recevront comme étant

une marque sensible de la reconnaissance de leur curé, pour la bonne et
sincère amitié qu'ils n'ont cessé de lui
témoigner, depuis plus de vingt ans
qu'il est au milieu d'eux.

Cependant, je l'avouerai, ce qui m'a
définitivement déterminé à faire imprimer ma *Promenade au centre du
Grand-Gentilly*, et les pages qui sont
à la suite, c'est ce qu'a dit avec bien-
veillance M. Héricart de Thury dans
le chapitre troisième de la quatrième
partie de sa *Description des Catacombes de Paris*, ouvrage in-8°, publié
en 1815, et que je ne possède que
depuis quelques jours ; c'est ce qu'il
y a dit touchant mon essai sur les
mêmes Catacombes. Je cite le passage
tel qu'il est écrit dans son livre :

« M. T.... D...., curé de Gentilly,
» a publié, en 1812, une brochure

» sur les Catacombes. Dans cet essai,
» ou plutôt dans cette lettre, l'auteur,
» après avoir rendu compte à un ami
» de l'état de ce monument, lui fait
» part de ses observations, et s'aban-
» donne ensuite à de profondes médi-
» tations, *soit sur le spectacle tout à*
» *la fois terrible et instructif que lui*
» *présentent les Catacombes, soit sur*
» *le néant et la futilité des grandeurs*
» *du siècle.* »

# PROMENADE

## AU CENTRE

## DU GRAND-GENTILLY,

### PRÈS DE PARIS.

Le 28 octobre 1819, deux de mes compatriotes (1), qui, depuis long temps, s'étaient promis de venir me voir, sont enfin entrés dans mon cher ermitage. (2) Cette visite inattendue et si amicale, où la gaîté et la franchise étaient de la partie, a fait sur moi une telle impression que je regarde le jour où elle a eu lieu comme l'un des plus heureux jours de ma vie.

Après avoir échangé quelques salutations cordiales, pris un petit restaurant, et nous être livrés quelques momens au plaisir de

la conversation , jaloux de satisfaire la curiosité de mes compatriotes , qui désiraient
connaître les objets du village les plus dignes de leur attention , je leur fais lever
le siége.

, Sortis de la cour qui précède la maisonnette de l'ermitage , nous prenons à droite ,
et à quelques pas , tournant à gauche , nous
entrons dans l'église : sa forme est régulière
et remarquable par la manière tout à la fois
simple et noble dont elle est décorée : le
vitrage , qui est au bas , étonne par le brillant effet qu'il produit. Deux chapelles sont
au fond des collatéraux et en regard deux
petits autels de même dimension.

A quelques pas de cet antique et solide
monument, dont la flèche fixe un instant la
vue de mes deux acolytes , nous traversons
la grande place pour gagner une maison
dont la face présente quelques décors en
usage au seizième siècle *). Nous montons

---

*) Elle est numérotée 69.

dans deux de ses chambres : les meubles, les gravures et les plâtres qui y figurent contrastent singulièrement avec la belle et riche construction de deux cheminées faites, à n'en pas douter, sur les dessins d'un habile architecte, précurseur du grand siècle.

De là, nous dirigeons notre promenade vers la maison de M. Hacquart, imprimeur à Paris, à laquelle on donne encore le nom de château *). Avant la révolution, elle avait appartenu au baron de Beauvais : après lui, la duchesse de Villeroi en a joui avec tous les priviléges, hommages ou droits seigneuriaux qui y étaient attachés. L'un des premiers acquéreurs en a fait abattre les deux aîles, dont l'une était une chapelle d'un bon goût. Cette maison n'offre de remarquable aujourd'hui que l'étendue de son parc, qui est assez bien boisé, et au milieu duquel il y a un réservoir qui porte le nom de Jérôme (3).

---

*) Elle est numérotée 84.

A quelque distance de cette propriété, nous entrons dans celle qui jadis avait appartenu au séminaire de Saint-Nicolas, et que possède maintenant M. Moireau *). De grands ateliers, où l'on préparait des laines de mérinos, sont l'objet de notre curiosité. M. Aimé Lair, en observateur habile, est entré dans les plus grands détails des différens genres de travaux, depuis l'acte du triage jusqu'à parfaite confection. Les données qui nous ont mis à même de juger quels immenses travaux exigent les laines, avant de pouvoir être employées à notre usage, nous les devons à la complaisance du fils du propriétaire de ce bel établissement (4).

A peine sortis de la vaste enceinte que nous venions de parcourir, et où nous avions vu la rivière de Bièvre (5) servir au lavage des laines, nous entrons dans un jardin **) où la même rivière, sans être ridée à sa

---

*) Elle est située dans la rue qui conduit à Arcueil et numérotée 93.

**) La porte est numérotée 94.

surface, y promenait lentement ses eaux limpides. Ce jardin que possède aujourd'hui M. La Couture, qui l'a bien embelli, avait appartenu avant la révolution au séminaire du Saint-Esprit, et depuis à M. Dumas, ancien ami de M. Le Bailly. En examinant les heureux changemens qui y avaient été faits, et auxquels on ne pouvait qu'applaudir, M. Le Bailly parut le revoir avec le plus grand plaisir. Nous le traversons en côtoyant un bel étang, et plus loin, à gauche, la jolie petite maison que l'infortuné Julienne avait fait établir, lorsqu'il était lui-même possesseur de cette charmante propriété. Qu'il me soit permis de rappeler ici combien fut forte et pénible l'impression que fit dans tous les cœurs la fin si tragique, si déplorable de cet avocat, jurisconsulte distingué.

Parvenus à la grande porte, près de la Maisonnette *) qui fait face à celle du jar-

---

*) Cette porte est située dans la rue qui conduit au moulin de la Roche, et numérotée 112.

dinier, située à l'extrémité opposée, et par où nous étions entrés, nous prenons à gauche. La première maison que nous trouvons *) est celle où notre compatriote Benserade a filé doucement ses vieux jours, après avoir été l'ame des plaisirs de la brillante cour de Louis xiv. Elle ne laisse malheureusement aucun souvenir de cet homme célèbre (6).

Après que ce vénérable et spirituel vieillard eut, presque octogénaire, payé le tribut qu'il devait à la nature, sa maison de Gentilly devint, jusqu'à la fin du siècle précédent, la propriété de quelques individus qui se contentèrent d'y passer les beaux jours de l'été, et qui successivement en firent leurs délices : elle fut pour eux ce qu'on appelle une maison de campagne. Le chevalier de Tiremoy, dont l'épouse a été la nourrice de monseigneur le duc d'Angoulême, et qui, à cette occasion, fut honoré du titre de marquis ; l'abbé Thomas, alors chanoine de

*) Elle est numérotée 111.

Saint-Marcel, et l'abbé de Rupierre, issu
d'une des plus anciennes familles de la Normandie, ancien grand vicaire de Cambray,
et abbé de Mont-Jean dans le Poitou, en ont
été les derniers propriétaires. Un maître
blanchisseur du pays l'a achetée il y a une
vingtaine d'années. Depuis cette époque, elle
a toujours été occupée par quatre à cinq
petits ménages.

Ainsi, dans cette maison, où, pendant
plus d'un siècle, on avait vu régner tour à
tour la solitude si favorable à la méditation,
et la gaîté si utile à la santé; où, après le
calme le plus profond, les oreilles n'avaient
été frappées que du bruit des conversations,
bruit si doux, si agréable, quand il provient
d'une réunion d'amis, d'une réunion so-
ciale, bien choisie, ou quand il est occasionné par les joyeux propos de table ou par
les ris expressifs que provoquent les jeux
innocens auxquels se livrent un hôte et ses
convives en belle humeur : ainsi, dans cette
maison, où s'écoulait si paisiblement la vie,

2*

où l'on ne se rassemblait que pour en goûter
les douceurs,

Où le bonheur d'autrui n'était troublé jamais,
Où toujours avec soi l'on savait vivre en paix ;

dans cette maison, dis-je, souvent on n'entend que les insupportables criailleries des
enfans du premier âge, ou les bruits impor-
tuns, fatigans d'un âge plus avancé.

Au pied de la côte du moulin de la Roche,
près du moulin à eau placé sur la rive droite
de la Bièvre, entre Gentilly et Arcueil, au
bout des murs de la rue où est située l'antique habitation dont je viens de parler, on
a vu souvent J.-J. Rousseau, lorsqu'il de-
meurait à Paris, y borner sa promenade
pendant presque tout un été, se croyant inconnu aux gens du pays. Assis ou couché
sur le gazon, au bord de la rivière, sous
les saules qui l'ombrageaient, c'était là sans
doute qu'il se livrait aux méditations qui ont
été la source de ses ouvrages, ouvrages qui
ont rendu son nom si célèbre, qui se sont

répandus dans toutes les parties du monde,
et dont l'effet a peut-être le plus contribué
à en changer les destinées (7).

Je reviens à mon sujet. A dix pas de la
maison de Benserade, nous entrons dans
celle où M. Branche, l'un des premiers vio-
lons de son temps, a passé plus de la moitié
de sa vie *) : il y a fini ses jours au mois de
février 1810, âgé de 88 ans. Ce vieillard, si
respectable par son grand âge et si imposant
par le grand flegme de son caractère, dont
la tête, dans ses derniers jours, était encore
bonne, malgré la débilité de son physique,
je le regardais comme l'un des hommes les
plus estimables par sa grande probité, sa
raison éclairée et son jugement sain, qualités les plus rares dont l'homme puisse être
doué.

Dans le local qu'occupait ce presque no-
nagénaire, et habité aujourd'hui par sa fille
unique, qui née musicienne, est elle-même

___

*) Elle est numérotée 109.

connue pour toucher encore, malgré son
âge avancé, le forté-piano avec beaucoup de
grâce et d'intelligence; dans ce local, dis-je,
j'ai eu occasion de converser avec le célèbre
Duport, décédé à Paris il y a peu de mois.
Quoiqu'il fût âgé de près de 70 ans, il n'a
cessé par son rare et beau talent, d'étonner,
jusqu'aux derniers jours de sa vie, la France,
sa patrie; après avoir fait l'admiration de
plusieurs cours de l'Europe, et notamment
celle de Prusse, où il a été attaché pendant
nombre d'années. Cet inimitable violoncelle,
doué d'un caractère bon et loyal, d'une hu—
meur agréable, si modeste, malgré sa cé—
lébrité, est entré bien des fois dans mon
petit ermitage. Je l'aimais, et il me donnait
des marques de l'amitié la plus franche. Je
le regrette bien sincèrement.

Sortant de cette maison, où Euterpe *)
n'aurait pas dédaigné d'entrer, nous tour-
nons à droite pour prendre le chemin dont le

---

*) Muse qui préside aux instrumens.

mur, du côté gauche, est un de ceux qui
servent à clore le jardin regardé comme l'un
des plus beaux du pays : la façade et l'intérieur de la maison présentent quelque chose
de grand *). Lorry, célèbre médecin, mort
en 1785, et depuis, le banquier Tassin, mort
en 93, l'une des victimes de la révolution (8), en avaient fait leur maison de campagne (9). Aux deux extrémités du parterre,
il y a plusieurs salles vertes magnifiques. Au
milieu de son extrémité, au bas du jardin
qui s'élève majestueusement et présente un
coup-d'œil des plus intéressans, M. Tricard,
ancien notaire à Paris, et dernier possesseur de cette propriété, a fait construire
un bassin en pierre de taille : il est entretenu
par des eaux, qui, à l'aide de canaux sou-
terrains, descendent d'un puits très-élevé.
La profondeur de ce puits, et la mécanique
établie pour verser l'eau dans une auge de
grande dimension, méritent d'être remar-

*) La porte est numérotée 105.

quée. Une statue de Diane, placée au-dessus du bassin, semble présider en ces lieux.

Le jardin, bien dessiné, bien planté,
forme un superbe amphithéâtre. Des sentiers, pour en adoucir la pente, ont été
tracés sur des lignes obliques. La longue
allée de tilleuls qui le couronne est taillée
en berceau. De cette allée on aperçoit à
droite une échappée de vue embellie par
plusieurs grands édifices de Paris ; en face,
le valon de Gentilly, et à gauche une partie
du valon d'Arcueil. Entre cette même allée
et le mur du fond du jardin, deux arpens de
terre environ étaient, il y a trois à quatre ans,
occupés par un bois charmant ; il a été arra-
ché : ce fut un meurtre. La charrue, pendant
ce temps, s'est promenée sur ce terrain où,
sous des ombrages frais, on parcourait de
petits sentiers qui, par leur enlacement, for-
maient un joli labyrinthe. Ce bois était planté
d'arbres et d'arbrisseaux de diverses espèces.
Les feuilles, par leurs formes différentes,
et par les nuances bien distinctes de leur

verdure, étaient variées à l'infini ; c'est ce qui en augmentait encore le charme (10).

Parvenus au haut du chemin, dont j'ai parlé, qui commence à la maison de mademoiselle Branche, où nous étions entrés, et qui ne présente rien de remarquable, nous cheminons une centaine de toises à travers les champs pour gagner les murs du château royal de Bicêtre (11). Nous longeons ceux qui sont situés au midi et à l'est. Nous arrivons à la principale porte ; on remarque la noble simplicité de son architecture et la belle avenue qui lui fait face. Entrés dans cette habitation immense qui renferme près de quatre mille individus, ainsi qu'il est dit dans la note 11, rien n'échappe à notre curiosité.

Nous en visitons l'atelier, où se rassemblent les indigens qui ont encore le goût du travail, la buanderie, le lavoir, la lingerie, la vaste et belle église, le puits et le réservoir. Quand on considère le genre et le travail de ces deux derniers objets, on ne peut s'empêcher d'être frappé d'admiration. Cette œuvre est de Boffrand, et on la doit aux soins de M. Lenoir. Après avoir parcouru les nombreux et immenses dortoirs, nous entrons dans la pharmacie. Malgré les idées que ces sortes d'établissemens présentent à l'esprit de ceux qui les visitent, par la grande propreté qui y règne, et par la symétrie que l'on remarque dans l'arrangement des vases qu'il renferme, nous fûmes agréablement surpris. En parlant de cet établissement, je ne puis m'empêcher d'observer que M. Moret, qui en est le chef, est bien digne, sous tous les rapports, de la confiance des membres de l'administration centrale. Depuis 1802 qu'il remplit à Bicêtre l'intéressante fonction dont il est chargé, je n'ai eu qu'à m'honorer de la bonne amitié qu'il n'a cessé de me montrer : je lui en témoigne ici toute ma reconnaissance. Ce sentiment est gravé dans mon cœur, et il ne s'en effacera que quand il aura cessé de battre.

Je reprends. Les cours destinées à la promenade des vieillards et des infirmes fixent encore notre attention. Dès les premiers jours du printemps, des carrés de verdure, des plates-bandes garnies de fleurs y réjouissent leur vue; et, pendant l'été, des arbres touffus répandent sur eux un bienfaisant ombrage, en leur faisant respirer un air plus frais et en garantissant des grandes ardeurs du soleil leurs têtes chauves. Que ces fleurs et ces arbres, dont ils peuvent jouir à toutes les heures du jour, doivent être pour ces infortunés, privés des autres agrémens de la vie, des objets intéressans!

De retour à la porte des champs, la même par où nous étions entrés, prenant à gauche, nous nous arrêtons au bord du quinconce, d'où l'on découvre un superbe point de vue; on aperçoit le Mont-Valérien, Montmartre, une grande partie de la capitale, le donjon et les tours de Vincennes : plus loin, ce sont des montagnes élevées sur la pente desquelles sont assises, de distance en distance, entourées de riants bocages, un grand nombre

3

d'habitations. Sur ces montagues, l'œil s'ar-
rête satisfait, et l'imagination par fois les
dépasse avec une espèce de transport.

> Sur la pente des monts paraissent des villages
> Que l'on croirait sortir du sein des paysages ;
> Et par delà les monts, l'esprit ingénieux
> Imagine un pays encor plus merveilleux.

Ce vaste horizon que l'on remarque du
quinconce où nous sommes, où, sur le premier plan, s'étendent plusieurs grandes rou-
tes, et où coule un superbe fleuve ; ce vaste
horizon, dis-je, est ceintré par ces mêmes
montagnes, sur lesquelles notre vue, de
l'ouest au nord et du nord à l'est, se promène
avec tant de complaisance : les unes sont
éloignées de plusieurs lieues ; les autres sont
plus rapprochées, toutes semblent se perdre
dans les cieux.

Tirés du ravissement où se trouvaient
mes deux admirateurs du grand et du beau,
en contemplant, pour la première fois, un
spectacle aussi imposant, spectacle que la

nature et l'art présentaient à l'envi à leurs regards étonnés, je leur fais gagner les murs
qui enferment du côté du levant, les jardins du village. J'ouvre une petite porte ;
quelle fut leur surprise de se voir dans un
jardin d'une grande étendue et bien entretenu !

Après avoir côtoyé un petit bois aux sentiers tortueux, nous descendons une colline
au milieu de laquelle jadis avait été assis
un vaste bâtiment. On voit encore le puits
qui était dans la cuisine, et sous la terrasse,
contre les murs de laquelle la maison était
adossée, les caves qui en dépendaient. Ce
bâtiment servait de retraite à des vieillards,
la plupart anciens professeurs d'un ordre
qui s'est rendu célèbre dans toutes les parties du monde. Maintenant, le terrain qu'il
occupait est cultivé par des hommes qui, tenant mollement à la main une bêche ou un
rateau, font par fois entendre d'une voix
rauque et tremblante des chansons inspirées
par Mars ou par Bacchus (12.)

Arrivés au pied de la colline, entre un jardin potager et une prairie, nous avons le plaisir de fouler aux pieds un sable fin répandu dans toute la longueur d'un large sentier, ou plutôt d'une belle promenade qui conduit à une avenue d'acacias dont les branches, se réunissant, forment un grand et agréable berceau : à gauche, près de cette promenade, se trouve une chapelle assez bien bâtie et dont le genre est de toute simplicité.

Au lieu d'y voir, comme autrefois, tous les jours, à des heures fixes, quelques-unes de ces scènes si imposantes et si touchantes que fournit la religion, en remuant les cœurs, en élevant les âmes vers les cieux ; au lieu, dis-je, d'y voir, d'y contempler, par exemple, au moment de descendre dans leur tombe des vieillards, tels que ceux dont j'ai parlé, de pieux et vénérables cénobites, le corps enveloppé d'une longue et large robe noire, à manches pendantes, dans l'attitude de supplians, adressant, le

cœur contrit, à l'Éternel, à la source de tout
ce qui est, leurs ferventes prières, leurs
vœux et leurs hommages; dans cette chapelle,
monument jadis appelé *saint*, où étaient
renfermés des objets précieux, propres au
culte divin, où l'on participait aux mystères
de la religion, et où se présente encore debout une grande statue de Jésus-Christ, et
au bas de laquelle on lisait ces mots : *O Filii
mei, amate me !* ô changement des choses
du monde! le dirai-je? dans cette chapelle,
nous n'aperçûmes qu'un amas de fourrages
destinés à la nourriture des animaux (13).

A peu de distance de ce monument, ainsi
métamorphosé et éloigné de toute habitation, on est tout surpris de voir encore isolé
un carré de charmille, dont l'intérieur présente une salle qui, dans les beaux jours,
plaît à l'œil par le vert tendre des rameaux
qui la composent. Quoique deux fois l'année
l'agile et adroit jardinier, d'un bras vigou-
reux, élève et rabatte impitoyablement le
croissant sur son feuillage, le dessus et les

3*

quatre côtés n'en sont pas moins impéné-
trables aux rayons ardens du soleil d'été.

Plus loin, à l'entrée de l'avenue d'acacias, dont il a été parlé plus haut, on passe
sur un petit pont de pierre sous lequel coule
un faible ruisseau. Après s'être promené
lentement quelques centaines de pas sur
un terrain bien uni, au milieu d'une double
allée de jeunes peupliers, dans une prairie
émaillée de fleurs et ombragée par des arbres
aux bras étendus et à la chevelure épaisse,
ce ruisseau va réunir ses eaux à celles d'un
étang placé au centre d'un jardin contigu,
jardin plus couvert et d'un genre tout à fait
différent : il ressemble assez à ceux auxquels
on donne le nom de *jardins anglais* (14).

Arrivé au bout de l'avenue, et toujours à
gauche, on voit encore une belle allée de
peupliers, entremêlés de frênes, plantée
près d'un mur bâti sur les bords de la rivière. Par sa position, par sa longueur qui
est au moins de trois cents pas, et le berceau qui est à son extrémité, elle est on ne

peut plus favorable aux rêveries, aux méditations du promeneur, ami des lieux soli-
taires : à droite, nous avions aussi remarqué
un parterre dessiné avec grâce et élégance :
là, où il se termine, des arbustes taillés à
hauteur d'appui forment deux côtés paral-
lèles. En les traversant, au moyen de petites
allées sinueuses, on est conduit sous un
beau berceau où l'on respire la fraîcheur, à
l'ombre des arbres qui le forment.

Après les courts momens passés dans ce
jardin, momens qui ne furent pas les moins
agréables de notre promenade, nous en sor-
tons par le côté de la maison qui fait face au
parterre. Quoique d'un goût éloigné du moderne, par les grandes réparations, par les
distributions nouvelles qu'on y a faites, et
par les meubles à la mode dont on a dé-
coré les appartemens, elle est devenue une
habitation assez intéressante. Quelques familles aisées de Paris viennent l'occuper
pour passer à Gentilly les beaux mois de
l'année. C'est là que logeait le concierge de

la grande et riche propriété dont jouissaient les jésuites (15). Cette propriété, comme je' l'ai dit dans une des pages précédentes, était destinée à ceux qui, parvenus à un grand âge, ne demandaient qu'à achever en paix une vie qui avait été principalement consacrée à la pénible fonction de l'instruction publique (16).

Ayant traversé la cour d'entrée de la maison dont je viens de parler *), la rivière près du moulin et la rue qui en est à peine à quinze pas, les deux savans et aimables littérateurs auxquels je servais de guide se retrouvent à la porte de mon ermitage **), satisfaits de la promenade qu'ils venaient de faire au château royal de Bicêtre, qui est situé dans la commune et au centre de la partie de la paroisse qui porte le nom de Grand-Gentilly.

---

*) La porte est numérotée 40.

**) Elle est numérotée 43.

# POST-SCRIPTUM.

Après s'être promené avec nous dans l'intérieur du pays, et avoir entrevu, par le secours de son imagination, les objets que j'ai essayé de décrire, le Lecteur pourra se faire une idée de la commune de Gentilly, prise dans son ensemble, en avoir au moins sous les yeux une esquisse descriptive et topographique, en ajoutant à ces mots qu'on lit dans la note 15e : « Suivant l'état de population fait au mois de décembre 1820, près de 1,300 individus, y compris le petit nombre de maisons situées sur la rive droite, occupent ce point, il renferme plus de la moitié de la population de la paroisse; » en ajoutant, dis-je, à ces mots, ceux-ci : Les autres points qu'occupe l'autre partie de la population, qui, comme il est rapporté dans la note que je viens de citer, ne s'élève qu'à 1,100, consiste en trois hameaux : l'un est connu sous le nom de Petit-Gentilly ou de la Glacière ; l'autre sous celui de la barrière de Fontainebleau ou d'Italie, et le troisième sous celui de la Maison-Blanche. Ils consistent encore en maisons groupées ou isolées, bâties à des distances plus ou moins éloignées, dans l'étendue du terrain que ceintrent les murs de Paris ( depuis la barrière Saint-Jacques jusqu'à celle de Fontainebleau ), les trois hameaux ci-dessus désignés et Bicêtre. On voit en outre un grand nombre de guinguettes éparses çà et là en dehors de cette enceinte, que les habitans des faubourgs Saint-Jacques et Saint-Marceau, mais principalement la classe ouvrière, ne manquent jamais de visiter, ainsi que les autres guinguettes du village, les dimanches et les premiers jours de chaque semaine. L'un des trois hameaux ( le Petit-Gentilly ) commence à la barrière de l'Oursine, l'autre à la barrière de Fontainebleau, et le dernier est entre le hameau de cette barrière et l'hospice de Bicêtre.

Le Grand-Gentilly, situé au pied de la côte de ce château, est à une petite demi-lieu des murs de Paris au sud. Placé au bout de la rue du Pont-Neuf, à l'entrée de la grande rue du village, si prenant à droite, par le trottoir qui longe le mur du jardin de la pension de M. Auger, trottoir que l'on doit aux soins du pasteur du lieu ; si gagnant ensuite la belle plantation de peupliers que l'on doit aux soins de M. le maire, l'on tourne sa vue du côté gauche, on remarque à quelques pas un petit enclos d'un quart d'arpent, formé en 1810. C'est là que depuis ce temps, c'est-à-dire depuis onze ans, il a été conduit, pour être placés sous terre, sous toute la surface du terrain, couvert d'arbres touffus, trois à quatre cents individus des deux sexes, de tout âge, que, peu de jours auparavant, j'avais vus, comme moi, marcher et faire partie de la population de la paroisse de Gentilly. C'est là encore que tous les individus qu'elle renferme aujourd'hui, et ceux qui doivent leur succéder, arriveront tour à tour pour être d'abord pressés les uns contre les autres, et mêler ensuite leurs cendres avec les cendres de ceux qui les auront précédés, et leurs ossemens avec leurs ossemens.

Laissant derrière soi l'objet dont l'aspect, par ce qui vient d'être dit, m'a écarté des rians tableaux que j'avais à présenter, et poursuivant sa course, si, parvenu aux deux tiers de la plantation qui, par sa symétrie et ses heureux contours, forme la plus charmante allée ; si, dis-je, on se retourne, toujours on a lieu d'être on ne peut plus agréablement surpris, apercevant tout-à-coup un paysage sur lequel les regards s'arrêtent avec complaisance. L'extrémité de ce paysage est bornée par le côteau élevé que la belle et immense façade du château de Bicêtre couronne dans toute son étendue. Du point que j'ai dit, cette façade présente une des perspectives les plus intéressantes, et l'une de celles à laquelle, jusqu'à présent, on a fait peut-être le moins d'attention.

Si enfin parvenu à l'extrémité de l'allée, laissant la chaussée qui, près du moulin, coupe la prairie (17), l'on tourne du côté gauche, on est assuré de jouir, depuis la sortie du Grand-Gentilly jusqu'à la ville, de la vue du vallon le plus joli, le plus charmant.

Une prairie, dont l'herbe est presque toujours verdoyante et fraîche, fait le fond du tableau que présente en ces beaux lieux la nature. A droite, la rivière de Bièvre, ombragée des deux côtés par une ceinture formée de saules, de peupliers et de trembles, suit les contours de la prairie ; à gauche, elle est toujours aussi accompagnée d'un ruisseau (18) ombragé par la belle plantation dont il vient d'être fait mention, et par d'autres arbres de diverses espèces. Au milieu de l'espace qu'il parcourt, ce ruisseau reçoit les eaux d'une source vive et pure, qui est à douze pas de sa rive gauche.

4

On a donné à cette source le nom de Fontaine Mulard : ses eaux, les plus légères que l'on connaisse, dont partie sort de la côte au pied de laquelle elle est située, coulent lentement et sans qu'on entende le moindre murmure. Son heureuse position attire tous les étés un grand nombre de Parisiens (19). Au-dessus et dans les environs, par la variété des sites pittoresques, on a la jouissance des vues les plus délicieuses, des perspectives les plus riantes.

Souvent au bord des prés , au sommet des côteaux ,
On voit le jeune peintre exercer ses pinceaux.

Ce qui donne encore un avantage à la situation que présente le pays, c'est d'y respirer un air salubre, soit sur les hauteurs ou dans les lieux bas. Le peu de maladies qui y règnent, et le nombre des naissances qui dépassent de beaucoup le nombre des décès, en sont la preuve la plus sensible.

Heureux habitans de Gentilly, où à comp-

ter depuis 1800 j'ai vu naître vingt printemps, où le tiers de ma vie s'est doucement écoulée au milieu de vous ; en pei-
gnant la nature embellie par l'art, ou dans sa
simplicité ; en pensant à l'intéressante variété
des lieux que vous habitez, et en réfléchis-
sant à tous les avantages de votre position ;
heureux habitans, me suis-je souvent dit,
que de droits les nymphes terrestres, et
principalement les jeunes naïades (20) qui
président à la rivière qui, n'étant agitée que
par le mouvement occasionné par vos utiles
travaux, ne cesse de couler paisiblement
sous vos yeux ; que de droits, dis-je, les
nymphes terrestres ont à votre reconnaissance ! Oui, c'est par la grande et belle variété de ces lieux, qu'elles semblent ne jamais quitter, que vos regards sont toujours
agréablement frappés ; et c'est par cette rivière, où les naïades semblent également
avoir fixé leur demeure, que vous trouvez
les moyens de satisfaire à tout ce qui est
essentiel à la vie. N'est-ce pas cette rivière

qui procure à quelques-uns d'entre vous des ressources capables de fournir aux besoins de leurs vieux jours ? N'est-ce pas par elle aussi que les femmes trouvent à occuper leurs bras pour soutenir leur existence et celle de leurs enfans ? N'est-ce pas par cette rivière, par elle encore, que les jeunes ouvrières, quand elles ont le bon esprit d'économiser, peuvent pourvoir, non-seulement aux besoins réels de la vie, mais encore se procurer les objets propres à monter leur petit ménage ?

Et vous, indigens, qui, par votre grand âge et vos infirmités, ne pouvez plus vous livrer à vos anciennes occupations, frapper le linge tiré de la cuve et trempé dans la rivière, ni promener sur lui, d'une main agile, le savon et le fer à repasser; indigens, par les secours pour vous accordés au comité de bienfaisance, et, dans l'état de maladie, par la facilité que vous avez d'entrer dans l'hospice le plus commode, pour y être visités par vos parens et vos amis (21), ne trouvez-vous pas, sans que vos concitoyens soient

obligés à d'onéreux sacrifices, des adoucis-
semens à votre malheureuse position ?

Je terminerai par l'observation suivante,
dont j'ai éprouvé toute la justesse dans toutes
les circonstances de ma vie.

Dès l'instant que, par une longue et cons-
tante étude, un solitaire a reconnu le peu
d'étendue des connaissances humaines, la
presque inutilité des disputes, l'abus que l'on
fait de la parole, et qu'il est parvenu à ne
plus prendre pour vraies des choses qui ne
sont que le produit de l'imagination, de
l'erreur ou du mensonge ; dès l'instant aussi
que par une longue expérience ce même solitaire a su ôter le masque dont se couvrent
l'ambition, l'amour-propre et l'intérêt personnel, bien voir les sottises, les folies, les
vanités dont l'homme est le jouet sur la terre,
et bien distinguer les faux plaisirs des véritables jouissances qu'on y goûte ; c'est alors
qu'un simple coup-d'œil jeté sur l'ensemble
de la nature, sur l'un des spectacles qu'elle
présente à nos regards, ou seulement sur

4*

l'un des moindres objets qu'elle renferme dans son sein, soit qu'il appartienne au règne animal, végétal ou minéral ; c'est alors, oui, c'est alors qu'un simple coup-d'œil de ce genre est pour lui, pour ce solitaire, je ne balance pas à le dire, un sujet de méditation bien intéressant, un plaisir bien doux, j'ajoute, et dont les résultats sont bien au-dessus de tout ce que les hommes poursuivent avec ardeur, pour satisfaire leurs sens, leur amour-propre, leur ambition, leur cupidité, pour jouir, en un mot, de ce qu'on appelle si faussement le bonheur du monde.

Quelle que soit, hélas ! la condition ou la position dans laquelle se trouve un mortel, la recherche de ce bonheur sera toujours pour lui la recherche la plus inutile, la plus vaine, la plus chimérique ; le dernier acte de la vie, selon l'expression de Pascal, étant toujours sanglant, quelque belle que soit la comédie en tout le reste.

A ces assertions, je me permettrai d'ajouter encore : Quelles que soient les obligations que nous impose, qu'exige de nous la société, tout homme qui pourrait vivre indépendant, et qui reste dans la dépendance des hommes ou des choses, meurt esclave volontaire. Tout état, toute position, m'objectera-t-on peut-être, a son bel aspect ainsi que son méchant côté. Je l'avoue, parce que c'est une vérité fondée sur la nature des hommes réunis en société et sur la nature des choses. Mais au moins pour se connaître, pour être soi, pour être libre, pour approcher le plus possible de la route du bonheur, n'est-il pas vrai de dire aussi avec Fontenelle, qu'*il faut tenir peu d'espace et changer peu de place*, ou avec Descartes, en moins de mots encore, qu'*il faut vivre caché ?*

Voltaire avait fait graver sur la porte de son cabinet :

Asile des beaux arts, solitude où mon cœur
Est toujours occupé dans une paix profonde ;
  C'est vous qui donnez le bonheur
  Que promettait en vain le monde.

Et ce principe des sages du temps mo-

derne n'est-il pas également le principe des
sages des siècles reculés ?

Heureux, a fait dire Racine à Agamemnon,
ce roi des rois :

Heureux qui satisfait de son humble fortune,
Libre du joug superbe où je suis attaché,
Vit dans l'état obscur où les dieux l'ont caché !

Je conclurai par ces vers de Thomas,
adressés au peuple :

Crois-tu que le bonheur habite les palais,
Soit traîné sur un char ou porté sous le dais ?
Ces biens, ces dignités et ces superbes tables,
Ne font que trop souvent d'illustres misérables....
Le chagrin les poursuit ; le démon de l'intrigue
De ses soins éternels, les trouble et les fatigue :
Pour eux, l'ambition a des feux dévorans ;
La haine a des poignards, l'envie a des serpens.
Sous l'or et sous la pourpre ils sont chargés d'entraves ;
On les adore en dieux, ils souffrent en esclaves.

Écoutons encore Fréderic II, roi de Prusse,
le plus savant, le plus grand et le plus célèbre des rois du siècle dernier. Je connais,
a-t-il dit,

Je connais l'ennui des grandeurs,
Le fardeau des devoirs, et le joug des flatteurs,

Et tout l'amas des petitesses
En leur genre et leurs espèces,
Dont il faut s'occuper dans le sein des honneurs....
Notre état nous fait la loi ;
Il nous oblige, il nous engage
A mesurer notre courage
Sur ce qu'exige notre emploi.

Eh ! quel homme, élevé aux plus grands honneurs, ainsi que ce puissant roi, n'a pas dit en lui-même :

« Elles nous trompent sans nous contenter, et leur privation nous désespère. »

---

« Qu'elle est sublime la philosophie qui se borne à relever le néant des choses humaines ! »

Ce sont ces mots, extraits d'une pensée de M. Beaulieu, qui m'ont déterminé à placer, après ma *Promenade au centre du Grand-Gentilly* et mon esquisse decriptive et topographique de ses environs, les observations et les vers qu'on vient de lire. Si j'y ai joint la pièce suivante, c'est qu'elle m'a paru en harmonie avec ces observations et ces vers, et que j'ai pensé qu'en faveur du fond, le lecteur serait disposé à quelque indulgence en faveur de l'écrivain. Par le même motif, je réclame la même indulgence, principalement pour les vers que renferment la note 2, et ceux de l'exposé qui suit les Pensées sur l'homme.

## SUR LE NÉANT DES CHOSES HUMAINES.

*A quelques plaisirs près, pour les uns, et à quelques instans de calme près pour les autres, je peins le sort de l'homme tel qu'il est sur la terre, ou plutôt ( puique chacun juge selon sa manière d'envisager les choses ), je le peins comme je crois qu'il est réellement, ayant osé le considérer, l'esprit dégagé de toute espèce d'illusion, d'aveuglement et de séduction.*

Des peines, des tourmens, des douleurs et la mort,
Voilà donc des humains l'inévitable sort!         (22).

On a beau s'étourdir, se masquer, se contraindre,
Paraître indifférent, braver ou ne rien craindre;
   On a beau songer, projeter,
  Aller, venir, espérer, se flatter,
     La vie, aux yeux du sage,
     N'est qu'un triste passage
     Que l'on ne peut tenter
     Sans y faire naufrage;
     Qu'un abîme sans fond,
     Où le grand personnage
     Se perd et se confond
Avec l'infortuné, le pauvre vagabond :       (25)
Qu'une mer agitée, insconstante et perfide,
Où l'imprudent, l'adroit, et le faible et le fort,
Le jeune âge, le vieux, l'esprit fin; le stupide,
Le clairvoyant et l'aveugle sans guide,
     En gagnant l'autre bord,
     Ne trouvent que la mort
     Qui toujours y préside.
     On a beau s'applaudir
     Et beau se réjouir,
  Dignités, immense richesse,
Célébrité, gloire, titres, grandeurs,
Objets si désirés, séduisans, enchanteurs;
    Et vous, innocente carresse,
Amour, même permis, délicieux plaisir,
Et vous, vous encor, doux, tendre souvenir,
Qui, tout n'est que néant aux yeux de la sagesse.

On a beau dire enfin et beau s'embarrasser,
S'élever au sommet, posséder, entasser;
En expirant, hélas! en fermant la paupière,
Aux douceurs de la vie il faudra renoncer.
Pour une fosse étroite, un linceul, une bière;
Domaine spacieux, agréable chaumière,
Vaste et brillant palais, il faudra tout laisser;
Un roi surtout peut-il sans horreur y penser?     (24)

A cet instant fatal, heureux, qui, las du monde,
Désabusé de tout, soumis à son destin,
Sans crainte et sans regrets, et sans douleur profonde,
En serrant son ami, voit arriver sa fin!     (25)
Mais plus heureux encor, puisqu'il quitte la vie
Sans avoir fait de mal, sans exciter d'envie;
Mais plus heureux l'enfant qui sort de son berceau
Pour être déposé dans la nuit du tombeau:
Il n'a vu que la joie et les ris de son père,
Et connu que le bruit des baisers de sa mère!

# NOTES.

1) **M.** Le Bailly , auteur de deux volumes de Fables (l'un imprimé en 1811 et l'autre en 1813), qui font honneur à son siècle *, et M. Aimé Lair, secrétaire de la Société royale d'agriculture et de commerce du Calvados, et membre de l'académie de Caen , connu par son grand zèle pour les siences et les arts.

(2) L'inscription suivante, placée dans un des bosquets qui entourent les jardins de cet

---

\* M. Le Bailly , qui a pris lecture de mon manuscrit quelques jours avant qu'il fût livré à l'impression, et qui m'a assuré l'avoir lu sans fatigue, a souligné les mots , *à la France*, qu'on lisait dans le manuscrit, et à écrit à la marge , *exagération de l'amitié. Que dire après cela de La Fontaine?* Pour ne pas blesser la modestie de ce véritable homme de lettres, j'y ai substitué, comme on l'a vu, ces autres mots : *à son siècle,*

ermitage, peut donner une idée des heures agréables qu'y passent les anciens amis du solitaire qui l'habite, et des jours délicieux qu'il sait lui-même y appeler sur ses vieux jours.

## ERMITAGE DE GENTILLY.

Maisonnette gentille, agréables bosquets,
Table ronde et petite, et toujours simples mets,
Vin commun, il est vrai, mais franc, mais salutaire ;
Rien de trop, mais assez, l'honnête nécessaire ;
Enfin, libre de soins, un maître de maison
Ni gênant, ni gêné, recevant sans façon :
Quand l'ami du curé visite sa demeure,
Voilà ce qu'il y voit en tout temps, à toute heure,

O toi, grand de la terre, extrême en tes désirs,
Comme lui, connais-tu quels sont les vrais plaisirs ?
Sous des ombrages frais, dans son charmant asile,
Le calme est dans les sens et l'esprit est tranquille ;
Le chagrin, les soucis n'y pénètrent jamais :
On y goûte toujours les douceurs de la paix.
Serait-il à la cour, à la ville, au village
Un bonheur plus réel que dans cet ermitage ?

A ces vers j'ajouterai :

Là règnent constamment la décente gaîté,
Le vrai, le bel accord, la douce liberté.

Dans le monde , les sots , les faibles , les crédules
Ne sont que le jouet de mots vains , ridicules.
Combien , par l'intérêt , se laissent envahir,
Et croyant s'élever, ne font que s'avilir ?
Combien de grands frippons, pour compenser leurs peines,
N'obtiennent qu'un vain nom, que des titres, des chaînes?*
Combien d'autres encor, s'imaginant bien voir,
Jugent de tout , hélas ! sans raison , sans savoir,
En dépit du bon sens , prennent pour véritables.
Des récits mensongers et des tissus de fables ?

Pour qui sait , de sang froid, le voir, le pratiquer,
( Je parle sans humeur, sans vouloir critiquer )
Le monde est un théâtre , où , quelque soit son rôle ,
L'homme trouve toujours à flatter son orgueil.
Suivez-le du berceau jusqu'au bord du cercueil :
En scène , il s'applaudit ; spectateur, il contrôle. **

---

\* « Que le malheureux qui obéit se garde de mau-
dire et de haïr celui qui jouit de ses dépouilles. Ah ! s'il
connaissait le poids des chaînes dorées, qu'ell s lui pa-
raîtraient légères ses peines obscures mises dans la balance ! »                                      Lord BIRON.

\*\* A voir les choses , non pas comme elles devraient
être , mais commes elles sont réellement , ne semblerait-il pas que les hommes réunis en société ne seraient
nés que pour se mo uer et se mépriser les uns les
autres? Ne semblerait-ils pas encore que tout se rédui-

Où règne le mépris , la haine et la fureur,
Où se montrent l'envie et la dure avarice,
Où se montrent souvent le crime et l'artifice ,
Pourrait-on voir la paix , le repos, le bonheur ?
'Trop heureux qui par goût , délicat sur l'honneur,
Et plein de probité , repousse l'injustice ,
Qui, ferme comme un roc aux assauts de son cœur,
Réprime ses désirs , et, constamment son maître,
Malgré tous ses défauts , cherche à se bien connaître ,
Qui , vivant retiré , satisfait de son sort ,
Se plaît dans son séjour et le voit comme un port ,
Et joint, l'âme contente , aux charmes de l'étude ,
Le plaisir de chanter sa chère solitude. *

---

rait chez eux, non pas à ce que les plus sages , les plus vertueux, les plus dignes , mais les plus fins , les plus adroits , les plus en grâce , les plus montés en titres ou les plus favorisés de la fortune ( bien ou mal acquise ) ? ne semblerait-il pas , dis-je encore , que tout se réduit à ce que ces derniers auraient les rieurs pour eux, et qu'on louerait et blâmerait bien plus ce qu'on voit louer et blâmer que ce qui est véritablement louable ou blâmable ? Puissent ce jugement général , et les autres jugemens de même genre que j'ai portés sur les hommes , être tous démentis par l'expérience!

* Les vrais plaisirs sont ceux que l'on doit à soi-même ,
Et les fruits les plus doux sont les fruits que l'on sème.
                                        DELILLE.

(3) La fontaine établie pour les besoins de la partie de la commune, appelée le *Grand-Gentilly*, est alimentée par ce réservoir. Les belles eaux qu'il renferme viennent de Rungis, village à trois lieues de Paris, au sud. L'étendue du réservoir, où les eaux de ce pays se rassemblent *, est de seize pieds carrés dans œuvre, clos par quatre murs d'une forte et belle-construction : ils sont surmontés d'une voûte de six à sept pieds de la base au centre du berceau. Elle est également de pierre de taille et bien construite.

A droite, en entrant, au pied d'un escalier d'une quinzaine de degrés, on passe au-dèssus des embouchures de deux conduites qui fournissent une partie des eaux du réservoir. A dix pas des embouchures, au milieu du mur opposé à celui où est la porte du monument, commence un aqueduc, ou galerie souterraine, dont la voûte est à hauteur d'homme : à quelques pas, il se divise pour ceindre quatre arpens de terrain, d'où sourdent, à six à sept pieds au-dessous de la surface, des sources à travers de

---

* Les sources n'en tarissent jamais.

pierres de roche. Par le moyen de petites ou-
vertures, auxquelles on donne le nom de *bar-
bes à cannes*, faites au pied des murs de cet
aqueduc, presque toutes les eaux des sources
de Rungis viennent, par des rigoles pratiquées
dans ledit aqueduc, se réunir à celles des
deux conduites ci-dessus mentionnées. Ces
eaux traversent le réservoir et vont se préci-
piter dans un autre aqueduc qui fait face à
celui dont je viens de parler, et dont la construction, dans toutes ses parties, est absolument la même.

C'est de ce point que toutes les eaux entrées
dans le réservoir commencent à parcourir
sous terre, en traversant les deux communes,
Frènes et Lay, la distance qu'il y a de Rungis
à Arcueil. Dans ce dernier village, elles passent au-dessus des arcades que fit construire
Marie de Médicis, femme de Henri IV. Après y
avoir parcouru l'espace de deux cents toises,
ces mêmes eaux reprennent leur cours sous
les terres d'Arcueil, traversent Gentilly, le
boulevard Saint-Jacques, et se rendent au
château d'eau situé près de l'Observatoire. De
ce château, sous le nom des *Eaux d'Arcueil*,

elles sont distribuées, au moyen de fontaines publiques, dans différens quartiers des faubourgs Saint-Marceau, Saint-Jacques et Saint-Germain. Elles fournissent aussi l'hospice Cochin, celui de la Maternité, du Val-de-Grâce et autres. Enfin, elles sont si abondantes, qu'elles coulent encore dans le palais du Luxembourg, dans beaucoup de grands hôtels et dans des maisons particulières situées sur les deux rives de la Seine. On peut suivre les endroits où l'on a construit l'aqueduc qui amène les eaux de Rungis à Paris, en dirigeant ses pas vers les regards qu'on voit de distance en distance, au milieu des champs et le long des côteaux.

La dernière observation que je viens de faire, me conduit à une autre que je regarde comme tenant au sujet que je traite, la voici : Par les vestiges d'un petit aqueduc, rigole ou canal, fait de moëllons liés par un ciment extrêmement dur, et couverts d'un enduit extrêmement fin * ; vestiges qui existent à droite et

---

* « D'après toutes les parties qui en ont été reconnues par MM. Husset et Caly, ingénieurs, il paraîtrait

à gauche de la glacière assise sur les bords du chemin , entre le Grand et le Petit-Gentilly et autres lieux ; et par le pan d'un vieux mur, bâti en moëllons et en briques , resté debout vers le milieu et près des arcades d'Arcueil ( pan de mur élevé, pour ainsi dire , à leur hauteur, qui là est de soixante-douze pieds , et sur lequel il y avait un canal semblable à celui dont il vient d'être parlé, et qui correspondait à ceux qui existaient à ses deux extrémités); par ces restes antiques on peut suivre aussi les endroits par où passaient, dans les premiers siècles de notre ère , les eaux de Rungis pour se rendre également à Paris dans

que, dans une grande partie de son cours , cet aqueduc n'était qu'un petit canal à découvert ou un chenal fait en béton de chaux , sable , ciment , cailloux et meulières broyés et pulvérisés. Des ponts avaient été jetés de distance en distance sur cette rigole. »

(Extrait de la *Description des Catacombes de Paris*, par M. Héricart de Thury. Cet ouvrage, dont j'ai parlé dans la préface, est, selon moi, sous bien des rapports, un des plus intéressans qu'on puisse lire. )

une vaste salle destinée aux bains. Cette salle, située rue de la Harpe *, faisait partie du grand palais de l'empereur Julien, dont le règne remonte au quatrième siècle. Depuis cette époque jusqu'à ce jour, elle ne s'était soutenue que par sa propre force, et résistait, sans le moindre secours humain, aux coups de la faux de l'inexorable vieillard : le gouvernement la fait maintenant restaurer et disposer pour servir de musée des antiques pour la sculpture et l'architecture.

Avant de finir, qu'il me soit permis d'observer encore que les ruines que présentait à sa face et dans l'intérieur ce beau reste du vaste palais des Thermes ** étaient l'ouvrage les Vandales. En détruisant l'empire romain ls ne respectaient rien : cependant, la voûte le celui qui fait l'objet de mon observation

---

* Elle doit être numérotée 63.

** Ce palais devait être très-considérable, à en juger ar les caves qui en dépendaient, et sur lesquelles ont bâties les maisons qui entourent ce qui en a été pargné, et par les murs de construction romaine que on découvre en faisant des fouilles, et que l'on soup-nne se prolonger au-delà de la rue de la Harpe.

n'a nullement souffert de leurs ravages. Quoique la hauteur de cette voûte soit de cinquante pieds, et sa largeur, de l'est à l'ouest et du nord au midi, de plus de soixante; quoiqu'elle n'ait jamais été couverte, qu'elle ait été conséquemment exposée, pendant nombre de siècles, aux injures de l'air, à ses intempéries, et, jusques au moment qu'on a commencé à y travailler, quoiqu'on l'ait vue, pendant nombre d'années, convertie en un jardin planté d'arbres à fruits, elle n'en est pas moins restée intacte. C'est donc bien d'elle aussi que l'on pourrait dire :

Pour détruire à jamais cette œuvre incomparable,
On a vu les saisons d'accord avec les ans.
Par l'enduit qui la couvre, enduit imperméable,
Elle a bravé l'orage *et fatigué le temps* *.

Par une précaution, sage sans doute, on a construit un parapet sur les quatre murs qui portent cette voûte, objet d'étonnement pour les curieux. A droite et à gauche de la façade

---

* Delille, en parlant des pyramides d'Égypte, a dit :

Leur masse indestructible a fatigué le temps.

du monument, on a élevé sur ce parapet une douzaine de pilastres ; dessus sont posées de longues et fortes charpentes : elles soutiennent le toit qui, aujourd'hui, fin de 1820, couvre totalement le précieux, l'admirable ouvrage des Romains, le seul qui se soit si bien conservé. Ce toit ne peut que contribuer à prolonger son existence dans un avenir composé de siècles accumulés.

Peut-être trouvera-t-on que je suis entré dans trop de petits détails : cependant, quelque minutieux qu'ils soient, n'y a-t-il pas lieu de croire que ces mêmes détails intéresseront au moins quelques lecteurs.

(4) Cet établissement, qui était devenu très-considérable, a cessé d'exister à la mort du père, arrivée au mois de mars 1820.

(5) La rivière de Bièvre, dite des Gobelins, prend sa source à la fontaine Bouvière, près de l'étang Duval, dans le grand parc de Versailles. Plus de soixante sources ou fontaines, et une vingtaine de petites rivières ou ruisseaux qui y affluent, la nourrissent. Par toutes ces eaux réunies dans son canal, indépendam-

ment des services particuliers qu'elle rend dans l'espace des douze lieues qu'elle parcourt, depuis sa source jusqu'à sa décharge dans la rivière de Seine à Paris, près de l'hospice de la Salpêtrière, elle fait tourner vingt moulins, dont quinze servent à moudre des grains, et cinq sont établis pour des usines, fabriques ou manufactures. Le moulin de Jouy est du nombre de ces derniers. ★

(6) « Benserade ( Isaac ), né en Normandie en 1612. Sa petite maison de Gentilly, où il se retira sur la fin de sa vie, était remplie d'inscriptions en vers qui valaient bien ses autres

---

★ Aujourd'hui, fin de juin 1821, pour augmenter la masse d'eau de la rivière de Bièvre, et pour la salubrité de l'air, M. Pariset, premier médecin de l'hospice de Bicêtre, et membre du conseil de salubrité du département de la Seine, accompagné des gardes de cette rivière, en parcourt depuis sa source tous les lieux qui l'avoisinent : il doit, d'après l'ordre qu'il a reçu du ministre de l'intérieur, y faire rentrer toutes les eaux qui, par le défaut de surveillance, ou par des accidens particuliers, étaient perdues pour elle.

ouvrages. C'est dommage qu'on ne les ait pas recueillies. Mort en 1691. »

(Siècle de Louis xiv, par VOLTAIRE. )

« Benserade, dégoûté de la cour, se retira à Gentilly, où son seul amusement était d'orner et de cultiver son jardin. Il avait embelli sa retraite de diverses inscriptions qui valaient peut-être mieux que ses autres ouvrages. On lisait en entrant :

Adieu, fortune, honneur, vous et les vôtres ;
    Je viens ici vous oublier :
Adieu, toi-même, amour, bien plus que tous les autres ,
    Difficile à congédier.

» Sa vieillesse fut douce et chrétienne. Il mourut à Paris le 17 octobre 1691, âgé de 79 ans : il était de l'Académie française depuis 1674. Boileau disait à ses amis que son goût pour les pointes ne l'abandonna jamais dans ses derniers momens. Quelques heures avant sa mort, son médecin lui ayant ordonné une poule bouillie : *Pourquoi le bouilli,* répondit-il, *puisque je suis frit ?*

» Benserade ne faisait guères de cas des jeux de mots qu'on a rapportés de lui : il les lâchait

parce qu'ils étaient plaisans et qu'ils venaient
à propos. Il n'avait que huit ans lorsque l'é-
vêque qui lui donna la confirmation lui de-
manda s'il ne voulait pas changer son nom
d'Isaac pour un nom chrétien ? *De tout mon
cœur*, répondit cet enfant, *pourvu qu'on me
donne du retour*. Le prélat, charmé de cette
saillie, dit : *Il faut le lui laisser, il le rendra
célèbre.* »

(*Nouveau Dictionnaire historique.*)

» Tourmenté de la pierre, Benserade résolut
de se faire tailler : mais un chirurgien, en voulant lui faire une saignée de précaution, lui
coupa l'artère, et au lieu de travailler à arrêter le sang, prit la fuite. Il mourut quelques
heures après, âgé de près de 80 ans.

» Senecé a fait de lui ce portrait :

Ce bel esprit eut trois talens divers
    Qui trouveront l'avenir peu crédule ;
De plaisanter les grands il ne fit point scrupule
    Sans qu'ils le prissent de travers :
Il fut vieux et galant, sans être ridicule,
    Et s'enrichit à composer des vers.

(*Biographie ancienne et moderne.*)

Thomas, né en 1732 et mort en 1785, si
recommandable par ses mœurs et ses talens,

s'était aussi retiré à Gentilly tout le temps qu'il a professé au collége de Beauvais à Paris, c'est-à-dire depuis 1755 jusqu'à 1761. Voici ce qu'on lit dans une notice qui est à la tête de ses œuvres posthumes :

« Thomas, au milieu des occupations que sa classe lui donnait, fit le *Poëme de Jumonville*, et plusieurs autres ouvrages en vers; les *Éloges du maréchal de Saxe, de d'Aguesseau et de Duguay-Trouin*. Il forma le plan détaillé de son *Poëme du Czar*, et en fit même un grand nombre de vers. Pour travailler à tous ses ouvrages avec plus de tranquillité, il choisit une retraite à la campagne; et comme l'état de sa fortune ne lui permettait pas d'avoir seul une maison, il proposa à M. Maltor d'en prendre une à frais communs : ils louèrent au village de Gentilly une maison très-solitaire, où il jouissait d'une paix profonde. »

D'après les renseignemens que j'ai pu avoir, je soupçonne que cette maison est une de celles qui sont situées près des murs de Paris, à peu de distance de la barrière de la Santé.

(7) Rousseau lui-même nous apprend dans ses Rêveries, vi⁰ promenade, qu'il herborisait

le long de ces mêmes bords. « Hier, en passant par le nouveau boulevard pour aller herboriser le long de la rivière de Bièvre du côté de Gentilly, je fis le crochet à droite, en approchant de la barrière d'Enfer, et m'écartant dans la campagne, j'allai par la route de Fontainebleau gagner les hauteurs qui bordent cette petite rivière. »

(8) Dans les premiers mois de l'année 1820, on le voyait encore représenté dans l'un des panneaux de la boiserie du sallon, jouant avec ses enfans au colin-maillard. M. Tricard possède ce tableau et d'autres qui ont rapport à la famille.

(9) Elle a été bâtie, m'a-t-on assuré, par M. le Duc, beau-frère du prince régent, pour la marquise de Prie.

(10) Le nouveau possesseur, M. Joubert, économe de l'hôpital militaire du Val-de-Grâce à Paris, fait replanter dans ce terrain un bois à peu près tel qu'il était. A l'une de ses extrémités, à peu de distance d'une chaumière dont les murs sont des morceaux de bois brut,

artistement arrangés, on vient d'élever ce
qui doit contribuer à embellir, à rendre plus
agréable cette nouvelle plantation, un monticule pour découvrir, sans être obligé de sortir
de l'enceinte des murs du jardin, avec les
points de vues environnans, le plus magni-
fique, le plus frappant des spectacles que présente la nature, celui de la lumière naissante,
de la vermeille aurore, spectacle qui accom-
pagne le lever du bel astre qui nous éclaire
et qui vivifie le monde. On parvient au sommet de ce monticule par un sentier tortueux,
dont les bords sont garnis d'arbrisseaux.

(11) « Jean, évêque de Wincester en Angle-
terre, fit, en 1290, construire un château à
la place d'un bâtiment appelé auparavant *la
Grange-Cester*, d'où, par corruption, on a
fait Bicêtre. Vers l'an 1400 ce château, tombé
en ruine, fut rebâti par Jean de France, duc
de Berri, avec une grande magnificence. Ce
même duc et le duc d'Orléans s'y retirèrent
avec les gens de leur parti. On y négocia une
paix dite *de Wincester*, et la violation du
traité qui arriva un an après, est appelée dans
l'histoire la trahison de Wincester.

6*

» Louis XIII voulut en faire un hôpital pour les soldats estropiés à l'armée : mais cet établissement n'ayant eu qu'un faible succès, Louis XIV donna ce château à l'hôpital général pour enfermer les pauvres mendians de la ville et des fauxbourgs de Paris. »     ( DULAURE. )

Depuis la donation faite à l'hôpital général, en 1666, ce château, élevé au midi de Paris, sur l'un des côteaux de la commune de Gentilly, à trois petits quarts de lieue de la barrière de Fontainebleau, a été converti en hospice et en maison de détention. Deux administrations, indépendantes l'une de l'autre, régissent ces établissemens : la première, sous le nom d'administration civile et paternelle, comprend 2,900 hommes amenés là par l'âge, le malheur ou l'infirmité. Cette administration est ainsi classée : 2,200 indigens ou bons pauvres *, 500 fous et imbécilles, et près de 200

*Dans le nombre, on compte 80 cancéreux, 100 aveugles et 260 attaqués de paralysie; c'est-à-dire que sur les 2,900 individus que renferme l'hospice civil, il y en a près d'un quart affligés des plus grands infirmités morales, et près d'un sixième des plus grandes infirmités physiques. Les autres, dont la quantité s'é-

épileptiques. En y ajoutant les employés, gens de service et ouvriers, leurs femmes et leurs enfans, le total se monte à plus de 3,000. La même administration paie encore au-dehors une pension de 120 fr. à 400 individus environ qui ont obtenu leur sortie, et qui, sur leur simple demande, ont le droit d'y rentrer, en cessant de percevoir ce qui leur avait été accordé.

L'autre administration, connue sous le nom d'administration de police et des tribunaux, comprend de 8 à 900 hommes, et quelquefois même plus, dont les uns, pour leurs crimes, et les autres pour suspicion, ont perdu, pour plus ou moins de temps, leur liberté ; les premiers, par jugemens, et les derniers, par mesure de police *. Une trentaine de personnes,

---

lève aux deux cinquièmes, sont, par d'autres genres d'infirmités, ou par l'âge extrême auquel ils sont parvenus, incapables de pourvoir à leur subsistance. Quand on est vraiment sensible, quel triste, quel douloureux spectacle, alors qu'on vient à fixer ses regards sur une telle réunion d'hommes !

* Si aux 2.900 individus dont il a été parlé, on ajou-

tant pour le contentieux que pour la surveillance, y sont employées. La garde en est confiée à une compagnie de vétérans, dont le nombre est de 85 \*. La nourriture, dans cette administration, se fait par entreprise. L'administration civile et paternelle la fait elle-même, sous la surveillance d'un agent et d'un économe.

(12) Ce sont le plus souvent des hommes d'un âge avancé que l'on emploie dans ce

---

tait ces 8 à 900 rejetés du sein de la sociéte, pour leurs actions criminelles ou pour leur coupable imprudence, et que l'on devrait regarder comme les plus à plaindre des hommes, quel tableau ! A mesure qu'on le déploie, qu'il devient pénible à voir ! Et quand on couvre de chaînes ( comme on en couvrirait à peine les bêtes les plus féroces ) les condamnés aux fers, malgré leur soumission ou leur indifférence, quoi de plus affreux ! quoi de plus déchirant !

\* Ce nombre, réuni à ceux dout il a été parlé plus haut, comme je l'ai dit dans le texte, porte le tout à environ 4,000. ( *Voyez*, à la fin, l'article Bicètre qui est au bas de l'état-général de la population de la commune de Gentilly, dont ce château fait partie. )

jardin pour couper la terre, semer et planter
des légumes.

(13) D'après ma demande à la propriétaire
( M<sup>me</sup> Esmal ), et son autorisation, j'ai fait
enlever la statue; et c'est le 22 mars de l'année
présente 1821, qu'elle a été placée dans l'é-
glise de Gentilly, à la satisfaction des habitans de la paroisse. Par cette translation, elle
a cessé d'être un objet exposé au mépris des
uns et au scandale des autres.

(14) Un mur de plus de cent toises que j'ai vu
élever en 1801 ou 1802 partage ce jardin, dont
jouit M. Chardin, ancien parfumeur à Paris,
de celui que nous avons visité avec tant d'intérêt, et que possédait encore, il y a peu d'années, M<sup>r</sup>. Duchaufour, son beau-frère. Deux
pavillons, bâtis en briques, règnent aux deux
extrémités de sa gauche. Par leur beauté et
leur antiquité, ils méritent de fixer un instant
l'attention : l'un de ces pavillons * est situé sur
une terrasse, près d'une petite prairie qui , par

* Il est numéroté 10.

la **proximité** d'un bouquet de bois de haute
futaie, le long duquel la rivière coule en ser-
pentant, et par la disposition des autres arbres qui semblent l'entourer, présente le coup-
d'œil le plus agréable, l'aspect le plus délicieux; je pourrais ajouter, et le paysage le plus
enchanteur, quand, enrichi de la présence de
l'astre argenté des nuits, au retour du printemps, le rossignol, ami de la solitude, fait
entendre dans ces beaux lieux, et répéter aux
échos d'alentour, les modulations, les ca-
dences, les doux accens et les beaux éclats de
sa voix, quels qu'en soient les tons, toujours
harmonieuse, toujours pleine de mélodie, toujours ravissante. L'autre pavillon *, situé à
l'entrée de la grande rue du village, et que
dernièrement on a réparé ou plutôt presque
reconstruit, fait face à la maison qui, avant la
révolution, appartenait au célèbre collége de
Sainte-Barbe **.

Je profite de la circonstance, pour faire observer que cette dernière maison, dont je viens
de parler, l'une des plus considérables de Gen-

---

* Il est numéroté 20.

** La porte est numérotée 19.

tilly, fait, depuis 1804, partie du pensionnat
établi en 1803 à Paris, rue Notre-Dame-des-
Champs, par MM. Liautard, Auger et Froment. En 1814, elle a été augmentée d'un
tiers par les soins de M. Auger qui, depuis ce
temps, est à la tête des 150 élèves qu'elle renferme. Qu'il me soit encore permis de profiter
de la même circonstance pour rendre hommage au zèle et à la bonne administration de
ce respectable ecclésiastique. La règle qu'il
fait suivre avec la plus grande exactitude, et
la surveillance la plus active et même la plus
minutieuse, est toujours tempérée par sa douceur, par sa bonté et son aménité envers les
jeunes élèves et les personnes attachées au service de cette maison. Ce digne supérieur mérite à tous égards la confiance des pères et
des mères qui sont jaloux de voir bien élever,
bien instruire et bien nourrir leurs enfans *.

---

* Au moment où j'écris ces lignes, fin de mars 1821,
j'apprends que M. Auger, plus que sexagénaire, et dont
les forces ne répondaient plus au grand zèle, s'est déterminé à vivre dans un état paisible, emportant les
regrets les plus sincères, les plus vrais de tous ses jeunes élèves, et même de ceux qui avaient les moindres

(13) La rivière de Bièvre qui coule au centre du vallon où sont situés les beaux jardins que nous avons parcourus, et dont j'ai rapporté quelques particularités oubliées ou inconnues, partage ce même vallon en deux portions égales. La portion de la rive droite, tout ce qui est enclos, entre les deux ponts du village, l'un placé rue du Pont-Neuf, et l'autre rue du Parroy, près de la Tour-d'Argent, comprend le terrain qui appartenait aux jésuites. La portion de la rive gauche, dont plusieurs arpens dépendaient encore de cet ordre, renferme presque toute la partie de la commune, dite le Grand-Gentilly. Suivant l'état de population fait au mois de décembre 1820, près de 1,300 individus, y compris le petit nombre de maisons situées sur la rive droite, occupent ce point : il renferme plus de la moitié de la paroisse *, les hameaux et les écarts ne s'élevant tout au plus qu'à 1,100.

---

relations avec lui. M. Froment, la bonté personnifiée, qui le remplace, mérite, sous tous les rapports, la même confiance que son prédécesseur.

* Quand on emploie le mot *commune*, on comprend

(16) C'est de M. Duchaufour, ancien né-
gociant à Paris *, que je tiens ces particularités, et celles dont j'ai fait mention, en parlant de la portion de l'enclos qui lui était échue
en partage, et qu'il avait convertie en un
vaste jardin.

A l'occasion de la mort de ce bon père de
famille, doué de toutes les vertus sociales,
arrivée à Paris, au mois de mai 1820, après
avoir exposé quelques traits de la vie de
l'homme de bien, de l'homme jouissant du
caractère le plus heureux, de l'âme la plus
sensible, la plus bienfaisante; par justice, je
crus devoir ajouter :

Le plus doux des humains, toi, qu'on pleure aujourd'hui,
Conseil du malheureux, et du pauvre l'appui ;
Tel tu nous as paru dans le cours de ta vie.
Toujours tu fus aimé, toujours digne d'envie.

---

Bicêtre, où deux aumoniers pour l'hospice, et un pour
la prison, sont autorisés à remplir les fonctions cu-
riales. Quand on emploie le mot *paroisse*, Bicêtre
n'est point compris.

* Son père, après la suppression de l'ordre des jésuites, par un arrêt du parlement, en 176. avait ac-

7.

Ainsi qu'il l'avait désiré, il a été enterré à Gentilly, où, après la vente de sa grande et belle propriété, il venait de faire bâtir, près le pavillon de son beau-frère, un joli pied à terre * : il l'a vu à peine finir. Hommes, comptez, comptez sur quelque chose !

(17) Au bout de cette chaussée, près le moulin, il y a un groupe de vieux enfans de la terre, qui, pendant le printemps, forment, par leur réunion, un bouquet admirable **. Ces vieux et beaux enfans embellissent, depuis plus d'un siècle, les lieux qui les ont vus naître. On les nomme Maronniers des Indes.

(18) Ce ruisseau, qui borde la prairie dans toute sa longueur, porte communément le nom de Fausse Rivière, parce que tous les ans on y laisse entrer, pendant qu'on travaille au

quis avec le Mont-Louis (aujourd'hui converti en cimetière, sous le nom du Père La Chaise ) tous les biens qu'ils possédaient à Gentilly.

* Il est numéroté 22.

** L'expression n'est point exagérée.

curage de la rivière de Bièvre, les eaux qui auraient coulé dans son canal. Pour cette opé-ration, il suffit de lever une vanne : par son moyen, on déverse au besoin les eaux de la rivière dans ce ruisseau. Quand ceci arrive, fier de voir ses eaux si enflées, si grosses, l'on dirait qu'il voudrait marcher l'égal des grands fleuves, dont les eaux bordent le haut de leurs deux rives, et dont le cours est rapide et me-naçant. Mais, ô coup inattendu ! l'ouvrage est-il fini ? la vanne s'abaisse, et presqu'aus-sitôt l'orgueilleux ruisseau, qui déjà avait donné des marques sensibles de sa puissance éphémère, en inondant les parties basses de la prairie, redevient ce qu'il était auparavant. Que d'hommes sur la terre qui paraissent bien grands, bien forts, redeviendraient petits et faibles, si on leur ôtait ce qui ne leur est qu'appliqué et non pas uni !

(19) Tous les dimanches, dans les beaux jours de l'année, les alentours de la fontaine, et les bords de la prairie qui lui fait face, sont le plus souvent couverts de jeunes époux qui, assis sur le gazon, participent aux jeux folâ-tres auxquels se livrent leurs enfans. Et dans

la saison des frimats, toùs les jours, quand
les eaux des prairies qui sont à gauche se trans-
forment en cristal, on y voit aussi accourir,
de tous les points de la ville, une ardente jeunesse. Par son empressement à y arriver, elle
semble déjà jouir de l'agrément qu'elle va
bientôt goûter en parcourant, un fer étroit
sous les pieds, de longs espaces avec la rapi-
dité de l'éclair, ou en dessinant avec grâce des
figures extrêmement difficiles à exécuter.

(20) « Naïades (selon la Fable), nymphes,
filles de Jupiter, présidaient aux fontaines et
aux rivières.... On leur offrait en sacrifices des
chèvres et des agneaux, avec des libations de
vin, de miel et d'huile; plus souvent on se
contentait de mettre sur leurs autels du lait,
du fruit et des fleurs. On les peint jeunes, jo-
lies, assez ordinairement les bras et les jambes
nues, appuyées sur une urne qui verse de
l'eau, ou tenant à la main un coquillage et des
perles dont l'éclat relève la simplicité de leur
parure. Une couronne de roseau orne leur chevelure argentée qui flotte sur leurs épaules. »

(*Dictionnaire de la Fable.*)

(21) C'est à M. Bertin , médecin de l'hospice fondé en 1782 par M. Cochin, curé de Saint-Jacques du Haut-Pas, que les habitans de Gentilly doivent l'avantage d'y entrer, quand, atteints d'une maladie grave , leurs facultés ne leur permettent pas d'y apporter les remèdes et les soins convenables. Par l'empressement que ce savant médecin montre à rendre service aux malheureux ; par l'intérêt qu'il porte à leurs maux ; par son humanité enfin et son talent bien connu ; par toutes ces qualités qu'il réunit, en rendant des pères et des mères à leurs enfans, qui bien souvent en avaient désespérés , il est regardé par eux comme une seconde Providence qui leur a redonné un père ou une mère. Aussi M. Bertin, dont je m'honore d'avoir part à l'amitié , est-il couvert de bénédictions par tous ceux auxquels il a donné ses soins, par leurs familles et leurs amis. Cette reconnaissance du cœur est, selon moi, l'éloge le plus flatteur pour l'homme dont la grande satisfaction , après avoir consacré sa vie à l'étude de la médecine, est celle de pouvoir soulager les malheureux , les souffrans infortunés.

7*

(22). De quelques natures qu'elles soient, dans toutes les questions sur lesquelles on dispute, on ne prend jamais que les extrêmes. « C'est de ces deux postes opposés, a dit Le Franc, que l'on dispute avec aigreur, sans avancer ni reculer, sans se concilier ni s'entendre. Il n'y a que les gens de bon esprit qui se placent au milieu. »

( *Lettre à L. Racine.* )

« La dernière démarche de la raison, c'est de connaître qu'il y a une infinité de choses qui la surpassent. Elle est bien faible, si elle ne va jusques là : il faut savoir douter où il faut, assurer où il faut, se soumettre où il faut. Il y en a qui pèchent contre ces trois principes, ou en assurant tout comme démonstratif, ou en doutant de tout, manque de savoir où il faut se soumettre, ou en se soumettant en tout, manque de savoir où il faut juger. »

( *Pensée de Pascal,* ch. v. )

Cette pensée est très-juste; mais comment dans l'état de société, où l'intérêt personnel et l'ambition sont les deux principaux ressorts qui mettent tout en action, comment espérer parvenir à redresser les esprits, lorsque la position où la plupart des hommes se trouvent les force, pour ainsi dire, de tromper ou du moins de dissimuler leurs sentimens On peut présumer que ce n'est qu'à une observation de ce genre que l'on doit ce vers de madame Deshoulières :

Savoir vivre, c'est savoir feindre.

Dans l'un de nos plus célèbres auteurs, on lit également : « Les hommes ne disent point ce qu'ils pensent, mais bien ce qui leur convient de faire penser à autrui; et le zèle apparent qu'ils montrent pour la vérité, n'est jamais en eux que le masque de l'intérêt. »

« Les hommes sont si faibles, a dit encore M. le comte de Châteaubriand, que souvent l'envie de faire du bruit les fait avancer des choses dont ils n'ont pas la conviction; et après tout, je ne sais si un homme est parfaitement sûr de ce qu'il pense réellement. * »

---

* L'ignorance nous porte à la crédulité :
O de l'esprit humain, triste fatalité !
Soit qu'il veuille ignorer, soit qu'il veuille s'instruire,
D'un délire souvent il sort par un délire.

DELILLE.

C'est sans doute de ce caractère, assez généralement remarqué dans les hommes, que
résulte la nécessité d'être souvent aux prises
avec leur conscience, la malheureuse difficulté d'être toujours de bonne foi, de toujours se conduire selon la droite raison, de se
bien placer au milieu; enfin, malgré les bons
conseils et les belles instructions qu'un si
grand nombre d'entre eux ( quelque soit leur
âge, le degré de leur intelligence et leur manière de penser ou d'agir ) se font un besoin
ou un devoir de donner, et que bien peu savent toujours mettre en pratique; enfin, c'est
peut-être encore de ce contraste entre leurs
actions, leurs discours et leurs écrits que résulte là presque impossibilité de bien voir, de
bien connaître l'homme, les hommes et les
choses, et d'en bien juger.

(23) Ces êtres orgueilleux, de leur sort si jaloux,
Seront dans le tombeau confondus avec tous.

THOMAS.

« De quelque superbe distinction que se
flattent les hommes, ils ont tous une même
origine, et cette origine est petite. Leurs années se poussent successivement comme les
flots; ils ne cessent de s'écouler tant qu'enfin

après avoir fait un peu plus de bruit , et traversé un peu plus de pays les uns que les autres , ils vont tous ensemble se confondre dans
un abîme où l'on ne reconnaît plus ni princes ,
ni rois , ni toutes les autres qualités superbes
qui distinguent les hommes , de même que les
fleuves tant vantés demeurent sans nom et
sans gloire , mêlés dans l'océan , avec les rivières les plus inconnues. »

BOSSUET , *Orais. fun. de Mad.*

Pope, en parlant des ouvrages rentrés dans
l'ombre, dit : « Ils regagnent le séjour où les
choses détruites se confondent avec celles qui
sont à naître encore. » C'est ce qu'on pourrait
dire de bien des hommes qui , se montrant
un instant au monde, se font remarquer , et
dont, l'instant d'après, on ne parle plus.

(24) Plus on est élevé , plus la mort est terrible ,
   Et du trône au cercueil le passage est horrible !

A la vue du corps d'un grand décédé , après
avoir prononcé ces deux vers de Thomas , je
fis ceux-ci comme d'inspiration ; je les rap-
porte sans le moindre changement.

Hier , fêté , servi , nageant dans l'opulence ;
Aujourd'hui, dépouillé de son immense avoir ,

Sans titres et sans nom, sans or et sans puissance,
Quel outrage, grand Dieu! quel coup pour l'arrogance!

**Les vers suivans ont été faits au moment qu'on le conduisait au lieu de sa sépulture.**

Quel escorte nombreuse entoure son cercueil!
Un orchestre bruyant, des voix se font entendre.
Que d'éclat, que de bruit pour une froide cendre
Que l'on porte au tombeau sans larmes et sans deuil!

**Enfin, je composai ceux qu'on va lire, en voyant placer ses restes auprès des restes de ses ancêtres.**

Tout se réduit à rien chez les faibles humains;
Savant, riche ou puissant, aucun d'eux ne l'ignore,
Et pourtant, ô folie! ils mettent tous encore
La plus grande importance à leurs moindres desseins.
Voyez l'homme élevé qu'on hait et qu'on adore,
Pour tirer de l'oubli son nom, son rang, hélas!
Qu'il voudrait prolonger au-delà du trépas,
Qu'obtient-il? un caveau profond, humide, sombre,
Où règne de la mort l'épouvantable paix.
Pour le fier habitant d'un somptueux palais,
Qui de ses fiers aïeux vient accroître le nombre,
Quel horrible séjour que celui de son ombre!

**Pour achever de démontrer que tout dans le monde n'est rien qu'illusion, que vanité, je dirai avec Pibrac:**

La vie que tu vois n'est qu'une comédie,
Où l'un fait le César, et l'autre l'arlequin :
Mais la mort la finit toujours en tragédie,
Et ne distingue point l'empereur du faquin.

## Thomas a dit depuis :

Qu'importe, lorsqu'on dort dans la nuit du tombeau,
D'avoir porté le sceptre ou traîné le râteau ?
L'on n'y distingue point l'orgueil du diadême ;
De l'esclave et du roi la poussière est la même.

## J'ajouterai :

Qu'importe également, après avoir vécu,
De n'avoir existé qu'un jour ou cent années ?
Hélas! qu'importe enfin de mourir inconnu ,
Ou d'illustrer son nom par ces grandes pensées,
Ou ces grands traits qui font les grandes destinées ? *

25) A cet instant fatal , heureux qui las du monde ,
Désabusé de tout, soumis à son destin ,
Sans crainte et sans regrets , et sans douleur profonde,
En serrant son ami , voit arriver sa fin.

## Delille et Le Gouvé avaient dit avant moi , le premier :

Quel homme vers la vie, au moment du départ,
Ne se tourne et ne jette un triste et long regard;

* *Voyez*, ci-après , la Pensée Ve.

A l'espoir d'un regret ne sent pas quelque charme,
Et des yeux d'un ami n'attend pas quelque larme ?

### Le second :

Quelquefois mes amis s'entretiendront de moi ,
Je reste dans leur cœur, je vivrai dans leurs larmes.
Ce tableau de la mort adoucit les alarmes ;
Et l'espoir des regrets que tout mortel attend
Est un dernier bonheur à son dernier instant.

Quoi qu'il en soit , hélas ! des regrets et de
larmes qu'on donne à ses amis , ou des larme
et des regrets qu'on en attend ,

C'est pour finir que tout prend existence ;
A chaque instant ce fait nous est prouvé.
Du jeune au vieux , quelle est la différence ?
L'un est en route et l'autre est arrivé.

A cette pensée de M. Guichard, je n'ai pu
m'empêcher de joindre celle-ci , exprimée à
l'occasion de la peine que fait aux vieillards
l'image de la mort :

Je voudrais qu'à cet âge
On sortit de la vie ainsi que d'un banquet,
Remerciant son hôte , et faisant son paquet ;
Car de combien peut-on retarder le voyage ?
Tu murmures , vieillard ? Vois ces jeunes mourir,
Vois-les marcher , vois-les sourir

A des morts, il est vrai, glorieuses et belles;
Mais sûres cependant, et quelquefois cruelles.

S'il m'était permis d'ajouter à ces beaux vers de La Fontaine, j'irais plus loin, je dirais :

Quelque jeune qu'on soit, est-ce même être sage
Que de se plaindre d'être à la fin du voyage?
Le sort le moins heureux est celui de vieillir,
Puisque vivre long-temps, c'est plus long-temps souffrir.

D'ailleurs, comme l'a fait dire le grand Corneille à l'un de ses héros :

La vie est peu de chose, et tôt ou tard qu'importe
Qu'un traître me l'arrache ou que l'âge l'emporte,
Nous mourons à toute heure et dans le plus doux sort;
Chaque instant de la vie est un pas vers la mort.

A cause de l'analogie des derniers vers de la pièce suivante avec les vers qui précèdent, et des changemens qui ont été faits, je redirai l'inscription placée dans un des bosquets de mon petit ermitage; inscription que, sans mon aveu, on a inséré dans le *Dictionnaire historique, topographique et militaire de tous les environs de Paris,* article Gentilly.

Loin des méchans, du bruit, des orages du monde,
Sous un simple berceau, dont la treille est féconde,

Sous un modeste toit , dans de riants jardins
Dessinés , élevés, cultivés par mes mains.
C'est en ces lieux chéris que s'écoule ma vie,
Dans une paix profonde, une tranquillité,
Qui sans cesse rappelle à mon âme ravie
Le temps de l'âge d'or, de ma félicité.
Mais quelque doux qu'il soit , mon sort est peu de chose :
Ne ressemblons-nous pas à la vermeille rose
Qui s'entr'ouvre au matin et qui sèche le soir ?
L'homme en vain sur ce point cherche à se décevoir *.

---

* Ces trois derniers vers ont été substitués à ceux-ci :

Car enfin , après tout , je dois mourir bientôt.
Ne ressemblons-nous pas à la feuille de rose
Qui paraît un instant et qui sèche aussitôt.


FIN DES NOTES.

# PENSÉES SUR L'HOMME.

---

J'AI lu beaucoup de livres, et souvent j'ai comparé les pensées des uns avec les pensées des autres, sans partialité ; et comme le disait Marmontel de lui-même, en homme indépendant, et qui n'aurait été d'aucun pays, d'aucun siècle. C'est dans ce même esprit que j'ai tâché d'écrire les pensées suivantes, pensées que j'adresse à tous les amis de la vérité et de la justice, bases des institutions sociales.

## I.

L'homme plein de franchise, de véracité, dont les opinions sont fixes, raisonnables, indépendantes de toute espèce de séduction, désintéressé, sans ambition, doué d'un cœur droit et bon, d'un esprit juste, d'un jugement solide et sain, qui, sans jamais s'en écarter, suivrait le sentier tracé par la sagesse, le bon sens et la bonne foi ; cet homme, dis-je, serait d'autant plus admirable, que si on pouvait juger tous les hommes, non pas seulement d'après ce qu'ils nous paraissent, mais d'après ce qu'ils sont réellement, peut-être trouverait-on que les plus considérés et les plus grands d'entre eux ne seraient bien souvent que des moralistes sévères, ou des maîtres rigides qui tiendraient d'une main imposante, ceux-ci un flambeau plus ou moins lumineux pour éclairer leurs semblables, et ceux-là une verge plus ou moins menaçante pour les contenir ou les corriger ; mais tellement indulgens pour tout ce qui les touche, que loin d'agir d'après des opinions, des principes fixes, marqués au coin de la prudence, de la franchise et du désintéressement *, il

---

* « Les hommes, avons nous lu quelque part, qui s'efforcent d'être ou de paraître vertueux, s'efforcent également d'être riches. »

Tous les sages si grands aux yeux de l'avenir
　Vus de près sont ce que nous sommes ;
Si leurs vertus nous font oublier qu'ils sont hommes,
Leurs faiblesses bientôt nous en font souvenir.

DEMOUSTIER.

serait extrêmement rare de les voir constamment se servir, pour eux-mêmes, de ce flambeau et de cette verge dont ils savent si bien faire usage pour les autres, tant sont vraies ces maximes :

On conseille mieux qu'on ne fait.

(N.)

On se voit d'un autre œil qu'on ne voit son prochain.

LAFONTAINE.

Linx envers nos pareils et taupes envers nous,
Nous nous pardonnons tout et rien aux autres hommes.

( *Le même.* )

## II.

S'il était des déterminations, des entreprises qui, pour être utiles, n'en seraient pas moins injustes ; et si également, il était des inventions qui, pour être nécessaires, n'en seraient pas moins l'œuvre du mensonge, quel serait le moyen de s'en assurer et d'en juger sainement ? Il faudrait, selon nous, être incapable, d'après une résolution ferme et méditée, d'altérer ou de dissimuler la vérité pour son propre profit, pour le profit de quelque individu que ce soit, ou pour soutenir un système de quelque nature qu'il puisse être ;

8*

avoir assez de force de caractère et assez d'empire sur soi-même pour n'être pas influencé par les choses consacrées par le temps ou l'usage, par les exemples qu'on aurait sous les yeux, par les discours qu'on entendrait, par les impressions qu'on aurait reçues et les habitudes que, dans le cours de sa vie, on aurait contractées, qui ne seraient pas conformes à l'ordre, à ce qui est vrai, juste et raisonnable. Il faudrait encore n'être ni passionné, ni ambitieux, ni présomptueux, ni borné dans son intelligence; en un mot, n'être point prévenu, ni ne tenir à aucun esprit de coterie ou de parti, et ne jamais parler contre sa conscience. Voilà bien des conditions exigées pour parvenir à porter un jugement irréfragable sur toutes les choses du monde; de là aussi la grande difficulté et peut-être l'impossibilité de réussir.

### III.

Quand les hommes se livrent des combats avec la parole, armés de cet instrument, auquel ils font prendre toutes les formes imaginables, quand ils savent s'en servir avec dextérité, ils cherchent plutôt à remporter la victoire, à faire triompher leurs sentimens, à favoriser leur ambition ou leur intérêt, qu'à découvrir les secrets de la vérité et les sources du bonheur particulier et celles du bonheur général. Aussi, que résulte-t-il de toutes les guerres polémiques qu'ils se font, de toutes les batailles qu'ils se livrent, de tous les combats qu'ils soutiennent avec outrance, acharnement ou finesse? Que chacun, après avoir écrit ou débité beaucoup de mots avec véhémence, avec astuce ou causticité ; que chacun, alors même qu'il y aurait quelques vérités exposées, finit par garder son opinion, à moins cependant, *puisque l'argent*, comme l'a dit M. Fiévée, *se trouve au fond des choses*, qu'ils ne vissent, à en changer, un intérêt bien direct, ou quelque chose qui plaise davantage à leur esprit.

Quand l'homme agit, ou bien quand il opine,
Il se conduit plutôt par goût, par sentiment,
D'après ce qui le flatte et ce qu'il imagine,
Que par conviction ou par discernement.

M. de Bonald pense qu'au milieu des troubles, le plus difficile n'est pas de faire son devoir, c'est de le connaître ; et nous, nous pensons qu'au milieu des discussions, des disputes, le plus difficile n'est pas de frapper fort, c'est de frapper juste. S'il en est ainsi, quelque soit le genre de combat où l'on figure, ce n'est pas avoir raison que d'en sortir victorieux ; c'est seulement une preuve qu'on est plus fort , plus heureux ou plus habile : car qu'un nouvel athlète plus expérimenté, plus fort ou plus heureux encore, vienne à paraître, bientôt le triomphe éclatant dont on avait lieu de se glorifier d'abord n'est plus aux yeux des spectateurs qu'un objet indifférent, tout n'étant apprécié que par comparaison ; et la défaite, si elle n'est pas pour le vaincu un sujet de mépris, elle en est un au moins de honte, de confusion pour son amour-propre, qui alors se trouve vivement et quelquefois même cruellement offensé.

Pour frapper juste, pour éviter de tomber dans un malheur tel que celui dont il vient d'être parlé, il suffirait à ceux qui se livrent à l'étude de l'homme, des hommes et des choses, de s'attacher principalement à bien s'assurer jusqu'où leur science peut aller et où elle doit s'arrêter, jusqu'où s'étendent les bornes de leur esprit pour ne pas dépasser les bornes de leur savoir. Alors n'étant pas dominés par la prévention, ou la présomption qui égarent, par l'orgueil qui dédaigne ou l'intérêt qui aveugle ; dans leurs discussions, dont le résultat, ainsi qu'il est facile de s'en convaincre, n'est pour l'ordinaire que de rendre plus entier dans son opinion, qu'on ne l'était avant d'avoir éprouvé la contradiction ; dans leurs discussions, dis-je, on ne verrait plus les hommes commencer, comme il n'arrive que trop souvent, par s'entr'attaquer, s'entremortifier, s'entr'insulter après, et finir, comme il ne manque presque jamais d'arriver encore, par s'entre-mépriser, et souvent même par s'entre-poursuivre avec animosité.

« Si l'on pouvait trouver, a dit La Harpe, un moyen de forcer les hommes à ne s'écarter jamais de la question, les trois quarts des disputes finiraient bientôt : mais il semble qu'on ait juré de ne jamais s'entendre pour avoir le plaisir de disputer toujours. »

De son opinion chaque mortel épris,
Voudrait de son erreur asservir les esprits.

DUBOCAGE.

## IV.

« Rien, a dit Sophocle, n'est plus cher aux mortels que la vie, rien n'est plus affreux que la mort. La fureur seule peut rendre celle-ci souhaitable. Une vie malheureuse est même plus prisée qu'une glorieuse mort *. » Cette observation est juste; et il est facile de s'en convaincre, à moins qu'on ne soit parvenu à un stoïcisme rare, à une impassibilité héroïque, au-dessus des forces de la nature humaine, à moins d'une douleur inouie, d'un découragement ou d'un affaissement extrême, d'une exaltation exccessive, d'un enthousiasme qui élève, transporte, fait braver et même mépriser ce qui, le plus souvent, paraît aux yeux des autres l'objet le plus capable de porter dans l'âme le trouble le plus grand, la crainte la plus vive, l'effroi le

---

* « Peu de gens counaissent la mort : on ne la souffre pas ordinairement par résolution, mais par stupidité et par coutume ; et la plupart des hommes meurent parce qu'on ne peut s'empêcher de mourir. »

LA ROCHEFOUCAULT.

plus épouvantable. « La vanité seule , a dit
M. Jondot , a fait supporter à l'homme et vo-
lontairement les plus cruelles souffrances ;
c'est alors qu'elle commande aux sens, qu'elle
les enchaîne et qu'elle les réduit au silence. » *

## V.

Dans le monde, à prendre les choses, non
pas comme nous les souhaitons, comme
elles conviennent à nos habitudes, à nos passions, à notre orgueil, à notre amour-propre,
à nos intérêts, ou comme elles nous plaisent,
mais comme elles sont réellement, quelle relation peut-il y avoir entre un homme qui a
existé couvert de gloire, qui a été porté en
triomphe, et le nom sous lequel il a été connu,

---

* Ces mots, extraits de l'*Antipyrronien*, ouvrage
publié à la fin du mois de mars, présente année 1821,
ces mots, dis-je, écrits à l'occasion de l'influence et
de la vanité sur nos sens, ne pourraient-ils pas s'appli-
quer à ce que produisent sur notre esprit l'opinion,
l'ignorance et même la cupidité? Je laisse ceci à décider à l'habile, au savant et impitoyable antagoniste
de M. l'abbé de La Mennais.

quoique ce nom, après sa mort, n'ait point
cessé de retentir avec éclat à nos oreilles, e
qu'il soit toujours accompagné d'un concer
unanime de louanges ou d'un bruit confus
d'applaudissemens et de cris défavorables
quelle relation, dis-je, peut-il y avoir, pa
exemple, entre Démosthènes, Cicéron, Homère, Virgile, Horace, Alexandre, Annibal e
César, qui ont vécu, les uns, il y a près de deux
mille ans, et les autres plus ; entre Voltaire
Rousseau, Frédéric II et Napoléon Buona-
parte, morts de nos jours, et le mot qui per-
pétue leur mémoire parmi nous et la fera par
venir dans la postérité : voilà, voilà ce qui
nous n'avons jamais pu concevoir.

Cette réflexion ne doit rien ôter des senti
mens qu'on a eus pour les personnes qui nou
ont été chères, ni de l'intérêt que l'on doi
prendre à la mémoire de ceux qui, par leur
ouvrages intéressans ou leurs vertus admi-
rables, nous procurent les jouissances les plu
vives, ou nous ont donné les exemples d
conduite les meilleures à suivre pour le bon
heur de la vie. Il en est de même des sen
timens d'indignation que nous devons con

server contre la mémoire de ceux qui, par leurs atrocités, ont mérité d'être en horreur et en exécration aux yeux du genre humain, comme la mémoire de ceux dont il a été parlé d'abord, doit à jamais être en vénération chez tous les peuples et dans tous les siècles.

Quoique les distinctions extérieures ne soient, en elles-mêmes, que des objets chimériques, on ne doit pas moins également, tant qu'elles produisent d'heureux effets sur le corps social, y avoir beaucoup d'égards; avoir, pour elles, en raison de leur utilité, toute la considération et tout le respect qu'elles méritent.

« On a bien fait, comme l'a dit Pascal, de distinguer les hommes par l'extérieur, plutôt que par les qualités intérieures. Qui passera de nous deux? qui cédera le pas à l'autre? le moins habile! mais je suis aussi habile que lui. Il faudrait se battre pour cela. Il a quatre laquais et je n'en ai qu'un. Cela est visible. Il n'y a qu'à compter. C'est à moi à céder et je suis un sot si je conteste. Nous voilà en paix par ce moyen : c'est le plus grand des biens. » Que de profondeur dans cette pensée écrite dans un style aussi léger.

9

## V I.

Comme il est des opinions, des questions et des actes qui, selon les circonstances, les ordres reçus, ou selon la disposition des esprits, chargés de prononcer sur ces opinions, sur ces questions, ou ces actes, comme il en est, dis-je, qui ont été, et peuvent être encore transformés, ou en accusation, ou en apologie; n'y aurait-il pas quelqu'apparence de raison d'en conclure que l'estime et le méprisdes hommes et des choses, ne seraient souvent qu'une affaire de mode ou de circonstance ; qu'une affaire où la crainte, l'espérance, la prévention, la fantaisie, le caprice, l'intérêt et l'ignorance, sont les principaux agens des déterminations que l'on prend, des jugemens que l'on porte et des opinions que l'on a ?*

---

* En parlant des opinions, l'abbé Girard a dit : « Elles doivent beaucoup à la prévention, et rien n'est plus extravagant que le dessein de réunir tous les hommes à une même opinion. » Ne pourrait-on pas ajouter : Et rien de plus extravagant que de croire que

## VII.

L'instinct * conduit toujours bien les animaux,
la raison, chez l'homme, n'est pas toujours
écoutée. De là, la nécessité d'une puissance
capable de régler ses pensées, ses paroles et
ses actions, le besoin absolu d'un joug qui
l'assujetisse, ou d'un frein qui retienne ses
mouvemens brusques ou passionnés et qui
le force, n'osant secouer ce joug, encore
moins rompre ce frein, à prendre des habitudes conformes aux conseils de la sagesse et
aux habitudes de la société dans laquelle il
vit, au milieu de laquelle il ne cesse de se

---

le même homme a toujours eu et aura toujours la même
opinion sur toutes les personnes et sur toutes les choses
sur lesquelles il a porté et porte aujourd'hui son jugement. Lecteur, j'en appelle à vous-même.

* INSTINCT. « Sentiment, mouvement indépendant de
la réflexion, que la nature a donné aux animaux pour
leur faire connaître et chercher ce qui leur est bon, et
éviter ce qui leur est nuisible. Dans l'homme, c'est un
premier mouvement qui précède la réflexion. »
( *Dict. de M. Masson.* )

trouver. Mais à cause de la faculté même
que l'homme a de raisonner, et de l'amour-
propre dont chacun est assez bien pourvu;
mais, de là aussi, pour que la puissance
soit écoutée, pour que le joug soit légér, et
pour que le frein ne le blesse point, la nécessité et le besoin absolu de conducteurs
qui, assujettis, eux-mêmes, à cette puissance,
à ce joug, et qui, retenus par ce frein, et
n'obéissant qu'à la voix de la sagesse, de la
vérité et de la justice , seraient capables
de réprimer leurs propres mouvemens, de
dompter leurs propres passions, de régner
sur leur propre volonté, et seraient encore
capables de distinguer, parmi les hommes
qui les approchent, les flatteurs, les intrigans
et les fourbes, de ceux qui sont désintéressés,
droits , pleins de probité. Tels sont à mes
yeux les conducteurs les plus propres à di-
riger les actions de l'homme en société, les
plus convenables pour comprimer ses mouvemens désordonnés, les plus dignes enfin
de le gouverner, de régner sur lui, en tout
droit, en tout honneur et gloire. « Malheur
aux aveugles qui conduisent ! Malheur aux

aveugles qui sont conduits ! *Væ cæcis du-*
*centibus : væ cæcis sequentibus.* »

( Saint Augustin. )

# VIII.

L'état social peut être comparé à un concert
dont les instrumens sont justes ou faux, selon
qu'ils sont bien ou mal accordés, et dont
les musiciens, selon le plus ou moins d'ensemble qui existe entre eux, font rendre à
ces instrumens des sons plus ou moins dis-
cordans, ou plus ou moins enchanteurs.

A bien considérer tout ce qui s'est passé
chez les nations anciennes, et ce qui se
passe chez les nations modernes, on en peut
conclure la presqu'impossibilité, ou au moins
le peu d'espoir de voir jamais régner dans les
grandes sociétés qui couvrent notre globe,
entre les gouvernemens, entre les gouver-
nans et les gouvernés, et entre les gouvernés
eux-mêmes, cette douce, cette belle harmonie, ce parfait accord qu'on remarque
dans un concert bien ordonné.

Le défaut de s'entendre, et le défaut de
bonne foi sont, à n'en pas douter, les causes

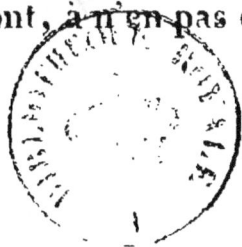

9*

principales des désordres et des bouleversemens qui ont eu lieu chez les peuples, et
celle des agitations et des mésintelligences
particulières, agitations et mésintelligences
qui, bien souvent, ont conduits à ces désordres
et à ces bouleversemens, dont l'effet a été de
mener à la ruine et quelquefois même à la
destruction entière des états. *

## IX.

Aveuglés par le flambeau de l'amour-propre,
chacun de nous se regarde comme centre de

---

* « Faibles que nous sommes, faudra-t-il toujours nous
plaindre, et passer de l'ordre au désordre, mécontens
tour à tour de tous les deux. L'ordre vise au despo-
tisme, et la liberté à l'anarchie. Fatigués du despo-
tisme, nous crions à la liberté. Froissés par l'anarchie,
nous crions à l'ordre. L'espèce humaine est comme
l'océan sujette au flux et au reflux. Elle se balance entre
deux rivières qu'elle cherche tour à tour en les couvrant
sans cesse de débris.

(Extrait d'un article du journal de *la Quotidienne*,
sons le titre *Variétés*.

tout ce qui l'entoure. * De ce principe, quand nous portons notre jugement sur un homme, il arrive que nous l'estimons ou que nous le méprisons, selon les rapports qu'il a avec nous, selon notre inclination ou notre intérêt personnel ; et, selon notre disposition à son égard, ou l'impression qu'il a faite sur nous, nous en faisons un homme d'esprit ou un sot, un grand homme ou un fou, un honnête homme ou un fripon, et quelquefois même un scélérat, comme nous faisons, selon notre besoin ou notre caprice, d'un morceau de bois un sceptre ou une marotte. N'y aurait-il point à craindre qu'il en est de même des jugemens que nous portons sur les choses, des opinions que nous admettons ou que nous rejetons ; puisque le plus souvent peut-être, sans même nous en douter, c'est d'après notre fantaisie, notre volonté, nos passions, ou d'après l'exemple, le conseil ou l'autorité des autres, ou comme nous l'avons déjà dit, la mode ou les cir-

---

* « Il est plus aisé, a dit Bolingbroch, de déraciner une montagne avec la pointe d'une aiguille que d'arracher l'orgueil et la vaine estime de soi-même du cœur de l'homme. »

constances que nous prononçons ? Voilà, tout en nous croyant, chacun en particulier, l'être le plus privilégié, l'être par excellence, l'être le plus raisonnable, ce qui nous donne presqu'à tous un esprit versatile, une raison chancelante, un caractère faible, irrésolu, indéterminé, et nous rend si facilement le jouet de la malice, de la tromperie et des erreurs du monde, de notre cupidité, de notre ignorance, de notre hésitation, de nos préventions et de nos propres erreurs.

«Homme si fier de ta raison, s'écriait Jérémie, dis-moi, ce qu'elle t'a appris ? montres-moi ce qu'elle t'a donné, et je te montrerai ce qu'elle t'a ravi ?.... Citerne rompue qui ne sait pas même garder les eaux qu'on y verse. »

On lit aussi dans M. l'abbé de La Mennais : «Il faut s'endurcir par raison aux absurdités : il y aurait trop à souffrir dans le monde, si l'on y portait la douloureuse susceptibilité du bon sens. »

On avait dit avant lui : *stultorum infinitus est numerus.*

Le plus sot animal, à mon avis, c'est l'homme.

Il voit, il sent le bien, hélas ! il fait le mal :
L'homme est il faut le dire, un étrange animal.

« Presque tout en nous est absurde et rien ne choque, par ce qu'on y est accoutumé. »

Ne pourrait-on pas ajouter à ces citations, que j'aurais pu multiplier : il est même des absurdités qui plaisent à la longue, et auxquelles on se soumet pour sa tranquillité et pour celle des autres ? ne pourrait-on pas dire encore : les habiles, par les opinions qu'ils établissent et la force qu'ils leur donnent, se rendent, à la vérité, maîtres du public ; mais ces opinions, quelles qu'elles soient, quand elles sont bien établies et qu'elles ont une force majeure, ne deviennent-elles pas, à leur tour, par la grande influence qu'elles ont sur les habiles, leurs maîtresses impérieuses, absolues ? réunissant la finesse à la dextérité, ils craindraient, et avec raison, d'irriter le public, dont ils se seraient joués d'abord, de voir leur bonheur particulier compromis, ou de porter atteinte à la tranquillité générale, s'ils osaient appeler au bon sens de la sentence de ce public qui, ayant définitivement prononcé, rejeterait leur appel avec humeur et peut-être même avec violence.

## X.

Il n'en est pas des constitutions politiques, de toutes les institutions humaines, comme des croyances, des doctrines religieuses, des institutions divines adoptées, reçues, prescrites par les lois, et sanctionnées par le temps; parce que, considérées comme choses jugées, sacrées, elles donnent aux hommes, quand ils les respectent et les révèrent, une autorité absolue, ( et, dans quelle circonstance que ce soit, qu'on ne peut contester ), un guide en qui ils ont une confiance entière, et pour lequel ils ont un dévoument sans bornes. Elles donnent, dis-je, aux hommes un principe stable, une régle fixe de conduite et par là même, une résolution forte, un caractère ferme bien déterminé, elles sont enfin, aux hommes réunis en société, ce que la discipline est aux armées, ce que la clef est à la voûte d'un édifice, ou si l'on veut encore, ce que le cœur est au corps de tout être vivant. « La nature humaine, a dit M. le comte de Levis, est si faible que les hommes honnêtes qui n'ont pas de religion, me font frémir avec leur périlleuse vertu, comme les danseurs de corde avec leur dangereux équilibre. »

## XI.

« Les biens de ce monde, comme on l'a dit, ne nous appartiennent qu'en usufruit, le corps n'est qu'un vêtement de louage, la vie qu'une hôtellerie, et l'homme qui marche entre la vie et la mort, est un spectre errant pendant la nuit. » Rien, il faut l'avouer, étant la conclusion de nos vanités, le dernier période de tous les plaisirs, de toutes les grandeurs humaines, le bonheur de la vie, soit que l'homme marche fièrement sur la terre, soit qu'il glisse dédaigneusement sur sa surface, ou s'enfonce dans une vaste solitude, pour y vivre toujours en paix, le bonheur de la vie ne peut-être, pour lui, qu'un songe agréable, dont l'effet est d'attrister son âme, ne ressentant, le plus souvent, à son réveil, que le dégoût le plus pénible, l'ennui le plus insupportable, les douleurs les plus aigues ou les regrets les plus amers. C'est sans doute, ce qui a fait avancer, alors qu'on est convaincu que la vie n'est qu'un sentier entre deux précipices, qu'il valait mieux en cacher la vue par des tapis de fleurs que de chercher inutilement à en combler les abîmes.

, Le passage de la vie , quel que soit la condition de l'homme , nous le répéíons , n'est
semé que de ronces et d'épines , parmi lesquelles se trouvent rarement des fleurs ; d'où
il résulte nécessairement que tous les hommes,
pendant leur vie et en cessant d'exister, ont
le plus grand besoin de consolations ; la fin
surtout en est toujours triste, affligeante, quelque fois affreuse et souvent même terrible,
Aussi quand ils arrivent au bout et qu'ils s'en
apperçoivent , pour qu'ils ne tombent point
en désespoir, est-il d'une âme sensible, humaine , de ne leur présenter alors qu'une
perspective qui puisse appaiser leurs douleurs,
adoucir leurs regrets , et les distraire du tableau effrayant dont ils pourraient être frappés,
de ne chercher enfin à les entretenir que de
ce qui est le plus capable de leur plaire et de
les intéresser.

## XII.

Quelques soient les mortels , il faut vivre avec eux :
Le mortel difficile est toujours malheureux.

FRÉDÉRIC II.

Pour voir les hommes vivre entre eux généralement en paix, il faudrait qu'ils fussent tous affables, doués d'une raison éclairée, d'un bon cœur, et toujours indulgens. Mais si, vivant en société, il fallait que tous cessassent de s'entr'-aimer, de s'entre-rechercher, d'avoir des égards les uns pour les autres, de s'entre-supporter et de s'entre-secourir; parce qu'ils seraient privés de ces belles qualités; parce qu'ils n'agiraient pas de même; parce qu'ils différeraient, sur quelles matières que ce fussent, de manière de voir, de penser; parce qu'ils ne considéreraient pas les mêmes objets sous les mêmes rapports, qu'ils ne les verraient pas sous les mêmes faces; où en serions-nous, grand Dieu! puisqu'il n'est peut-être pas sur la terre deux individus, en matière de religion, (quoique d'accord sur les principes), en matière de morale, de métaphysique, de politique, et même de littérature, sujets sur lesquels roulent presque toutes les discussions, sur lesquels on n'a cessé, on ne cesse et ne cessera de disputer; puisqu'il n'est peut-être pas, dis-je, sur la terre deux individus, qui raisonnent et concluent de même sur tous les points qui les concernent, dont les opinions sur eux soient absolument les mêmes ? de là, cet axiôme si connu : *tot capita, tot sensus.*

Dans la crainte d'abuser de la patience du lecteur, je me suis borné à ce petit nombre de pensées, pensées qui réellement n'ont été émises que pour savoir si un recueil de ce genre serait goûté, en renfermant, ainsi que nous avons essayé de le faire, des vérités qui appartiendraient à tous les temps et à tous les pays.

# EXPOSÉ

*De la Philosophie qui borne ses pré-
tentions aux choses de la terre,*

SUIVI

Des Principes dont l'effet est de porter des
consolations spirituelles dans les âmes
religieuses.

Après tout ce qui a été dit à la fin du texte et
dans les dernières notes, sur le sort de l'espèce
humaine, (sort qui, pour la plupart des individus de cette même espèce, n'est qu'une
source perpétuelle de regrets et d'inquiétudes) ;
et ce qui a été observé dans les pensées qu'on
vient de lire, j'ai présumé, sans me croire
coupable d'indiscrétion, qu'on n'entendrait

pas, sans quelqué intérêt, en quoi consiste les
principes de la loi naturelle et de la philosophie
épicurienne. J'ai eu connaissance, comme on
va le voir, de cette loi et de cette philosophie,
et des moyens qu'elles emploient pour distraire
les hommes du monde, que la pensée de la
brièveté de la vie, et de la certitude de la mort
pourraient attrister, en portant le trouble dans
les plaisirs auxquels ils ont l'habitude de se
livrer.

Un jour que je considérais l'état de l'homme
sous des couleurs sombres, j'en fus tellement
frappé, que je me vis affecté par de tristes ré-
flexions dont presque aussitôt je me sentis
accablé. Fatigué, je m'endors. Ce fut alors que
s'étant approché de moi, j'entendis un disciple
de la loi naturelle me parler en ces termes :

Pourquoi livrer ton âme à la mélancolie ?
Pourquoi te tourmenter en songeant à la vie ?
Abandonne ce genre au lugubre penseur :
Ce n'est qu'en noir qu'il peint ; rejette sa couleur ;
Et pour que tes tableaux ne paraissent plus sombres,
Adoucis-en toujours et la teinte et les ombres.

Vouloir présenter l'homme avec des noirs pinceaux,
C'est vouloir l'accabler sous le poids de ses maux.

Vouloir prouver qu'en lui l'on ne voit que folie,
C'est vouloir follement désenchanter sa vie,
L'empêcher de jouir des biens du genre humain,
Et détruire le fond de son propre terrain.
Gardons-nous d'écouter la voix de l'imposture,
Voix, malgré tous nos soins, qui sait si bien tromper,
Qu'aux piéges qu'elle tend on ne peut échapper.
Quand on est circonspect, aurait-on à se plaindre ?
Serait-on malheureux quand on n'a rien à craindre ?
Contens de notre sort, ne nous plaignons jamais,
En nous et hors de nous, nous trouverons la paix.
Par le temps subjugués, si notre sang se glace,
Ne songeons plus alors qu'à céder notre place.
Au sortir d'un repas frugal ou somptueux,
A-t-on droit de se plaindre en faisant ses adieux ?
Quand on sait ainsi vivre heureux avec soi-même,
Quand d'être franc et juste on se fait un système,
Que faudrait-il encor pour atteindre au bonheur ?
Se contenter de peu, posséder un bon cœur,
Et dire, en contemplant la fin de sa carrière :
J'espère en ce moment, à cette heure dernière,
Obtenir le repos, ce bien si précieux,
Que jadis on en fit le partage des dieux.

Après ces conseils, donnés avec douceur,
bientôt je me vis entouré d'un groupe de joyeux
convives, dont l'un d'eux, ayant obtenu le
silence le plus profond, prononça d'une voix
forte les paroles que je vais rapporter.

10*

Le vrai sage est celui qui n'a point à se plaindre,
Qui toujours libre vit sans désirer, sans craindre ;
Indifférent sur tout, qui ne voit de bonheur
Qu'à donner à ses sens un plaisir enchanteur *.
Le commode réduit où s'écoule sa vie
Est cent fois préférable au plus brillant palais.
Chez lui, dans tous les temps, on voit l'aimable paix
Unir sa destinée à la douce harmonie,
Tandis que chez le grand règnent l'orgueil, l'envie,
Que le chagrin, l'ennui s'y montrent sous le dais **.

Le temps vraiment, le temps s'écoule avec vitesse,
Emporte nos beaux jours, et la triste vieillesse

---

* Jouir est tout : les heureux sont les sages.

DORAT.

Le fou vers les plaisirs s'élance avec ardeur,
Le sage prend le miel, mais sans blesser la fleur.

DELILLE.

** A moins que d'être doné d'une force de caractère
peu commune, d'une imagination naturellement pas-
sionnée pour la paix de la solitude et le loisir des lettres, ou porté, par un goût bien déterminé et perma-
nent, aux plaisirs de la table, je ne puis m'empêcher
de l'observer, il est bien difficile de pouvoir jouir
d'une parfaite indépendance là où règne une véritable
servitude, et d'être vrai là où domine le plus souvent
le mensonge et les faussetés les plus insignes.

Et son cortége affreux sont prêts à nous saisir :
Hé bien! buvons, chantons, consacrons au plaisir,
Aux jeux, aux ris les jours que le destin nous laisse,
Et voyons arriver le dernier sans pâlir.
La vie, à le bien prendre, est un charmant passage,
Quand on sait se borner au simple badinage,
Et qu'on sait éviter, pour son propre bonheur,
De creuser trop avant, de lire dans son cœur,
Et qu'on sait, en un mot, en glissant sur la vie,
N'en voir et n'en toucher que la superficie,
Plaire, se faire aimer, inspirer la gaîté,
Voir l'implacable mort avec tranquillité,
Et sa tranchante faux, sans effroi, sans murmure,
Sans redouter son coup conduit par la nature,
Sans penser que ce coup soit un coup mérité.

Ainsi chantait Lucrèce, élève d'Épicure ;
Ainsi chantaient encore Horace, Anacréon,
Voltaire l'Attraignant, Parny, Chaulieu, Piron.

Ayant cessé de parler, tous applaudissent aux
discours de l'orateur, et tous se livrent de nouveau à la joie. Pendant ce temps je vis un autre
groupe sortir d'un bosquet tapissé de mousse
et couronné de fleurs odoriférantes. C'était la
Religion. Je la reconnus à ses traits pleins de
douceur. Elle était appuyée sur la Foi, l'Espérance et la Charité. Arrivée près de moi, elle
me fixe avec attendrissement, elle s'assit à

mes côtés, et, me prenant la main : heureux,
dit-elle,

Heureux, cent fois heureux, le pieux solitaire,
L'homme qui détaché des faux biens de la terre,
N'ayant jamais pour eux qu'un souverain mépris,
Ne porte ses regards qu'au céleste lambris.
Il semble que déjà, pour prix de sa victoire,
Il jouit du bonheur, de l'ineffable gloire.
Voyez le s'élever au séjour des éclairs,
Traverser d'un seul trait le vaste sein des airs;
Reprenant son essor par delà tous les mondes,
Dépasser des soleils les demeures profondes,
Pénétrer, en un mot, dans l'enceinte des cieux,
Où ravis, transportés, chantent les bienheureux.
Dans ces lieux, embellis par tout ce qui peut plaire
Aux sens comme à l'esprit, contenter, satisfaire
L'âme sensible et tendre, et le cœur qui jamais
Du dieu qu'il révéra n'oublia les bienfaits :
Dans ces lieux où cet homme espère prendre place,
Pour voir le grand moteur, le contempler en face,
L'être existant partout de toute éternité,
L'être le plus parfait par son infinité,
Qui confond notre esprit par sa nature immense *,

---

\* Loin de rien décider sur cet être suprème,
  Gardons en l'adorant un silence profond;
  Sa nature est immense et l'esprit s'y confond :
  Pour savoir ce qu'il est, il faut être lui même.

(N.)

Et qui gouverne tout par son intelligence ;
Dans ces lieux , dans le ciel , oui , ce dieu des humains ,
A qui rien n'est caché , qui tient tout dans ses mains ,
Qui donne l'existence , et par qui tout subsiste ,
Qui fait tout ce qu'il veut , à qui rien ne résiste ;
Oui , ce dieu des humains , quand ils ferment les yeux ,
Dans le ciel il les place au rang des bienheureux *.

Ici la Religion s'arrêta ; et paraissant s'a-
dresser à l'universalité des hommes, elle re-
prit, mais d'un ton plus ferme :

Mortels , en méditant sur le souverain être ,
Le grand ordonnateur, le vrai, l'unique maître,
Loin de ne voir en lui qu'un instrument vengeur,
Qui punit la faiblesse et qui poursuit l'erreur,
Pensez que c'est un roi , qui , rempli de clémence ,
Pardonne à ses sujets , et qui , plein d'indulgence ;
Même envers les méchans, en fait, par leur retour,
Des courtisans nouveaux dont il grossit sa cour **.
Pour ne point vous soumettre à la saine doctrine ,
Qui de l'homme moral remonte à l'origine ,
Pour rejeter tout frein , pourquoi vous tourmenter ?
Voulez-vous être heureux, cessez de disputer *** ?

---

* *Voy*., dans les pages précédentes, la pensée 11me.

** Votre crime est horrible , exécrable , odieux ;
    Mais il n'est pas plus grand que la bonté des dieux.

*** « Celui qui contredit un autre en quelque point,

Montrez-vous constamment amis de la justice,
Ennemis du mensonge et de tout artifice ;
Soyez sages, prudens, circonspects, réservés :
N'admettez aucuns dits qu'ils ne soient bien prouvés:
Malgré les grands efforts de votre intelligence ;
Reconnaissez enfin quelle est votre ignorance :
Des ergoteurs subtils méprisez les débats ;
Gardez-vous d'être acteurs dans les âpres combats,
Où président l'offense et l'insulte et l'outrage.
Si l'on vous reprochait de manquer de courage,
Loin de vous en fâcher, riez du jugement,
N'en conservez en vous aucun ressentiment.
Dans les temps où la paix, cessant d'être chérie,
A fui loin de la terre, et qu'elle en est bannie ;
Dans les temps de discorde, où chacun peut errer,
Plutôt que de s'aigrir, que de s'entr'-abhorer,
Plutôt que de crier : *Point de grâce, anathème !*

―――――――――――――――――――

prétend en cela avoir plus de lumière que lui, et ainsi
il lui présente en même temps deux idées désagréables ;
l'une, qu'il manque de lumières ; l'autre, que celui qui
le reprend le surpasse en intelligence : la première l'humilie ; la seconde l'irrite et excite sa jalousie. »

« Dans une dispute raisonnable, il faut avoir une
grande attention à accorder, à faire valoir tout ce que
votre adversaire a de bon, a de vrai, parce que vous
n'amènerez pas un homme à votre opinion par vos
idées, mais par les siennes. »

(*Extraits d'un Recueil de pensées.*)

*Perdons notre ennemi, courons le dévorer!*
Ne vaudrait-il pas mieux condamner tout extrême,
Plaindre l'homme égaré, se réformer soi-même\*,
Oublier, pardonner, faire chérir les lois,
Ne parler que d'amour, non de vengeance aux rois \*\*.
Qui veut être épargné, doit épargner les autres ;
Souffrez-donc leurs erreurs, ils souffriront les vôtres :
Excusez la faiblesse et la fragilité ;

---

\* Combien n'a-t-on pas vu, et ne voit-on pas de ces
censeurs sévères, inexorables, ne pas savoir conduire
avec sagesse, avec prudence, et souvent même avec
honneur et délicatesse, leurs propres affaires, et abuser
de la confiance de ceux dont ils se disaient les sincères
amis, les seuls et véritables soutiens.

\*\* « Malheur aux princes qui ne verraient dans le
commencement de leur règne que le commencement
de leur vengeance! »
(MARC-AURÈLE.)

« En voulant blesser votre ennemi pour vous venger
les injustices qu'il vous a faites, vous vous plongez
vous-même le poignard dans le sein. »
(SAINT JEAN-CHRISOSTOME.)

« Les révolutions ne finissent ni par l'épée, ni avec
la plume ; c'est avec l'éponge. »
(*Manuel politique.*)

Plaignez les malheureux, les méchans, les coupables *,
Aimez. adorez Dieu; mus par la charité **,
Sans intérêt, secourez vos semblables :
Ces préceptes si saints de la Divinité,
Garans sacrés des mœurs et de la probité,
Seront pour vous, mortels, toujours indispensables ***.
Sans eux. point de vrais biens, point de plaisirs durables;

---

* Blâmons l'erreur, mais plaignons le coupable,
Le ciel a seul le droit de le punir.
De la douceur que l'éloquence aimable,
En instruisant pardonne sans haïr.
L'art d'être heureux et d'aimer son semblable,
Ah! quel devoir est plus doux à remplir!

( N. )

** « La Charité est cette douce et modeste fille du ciel qui étend en silence un voile sur les faiblesses de ses frères, leur inspire un salutaire repentir, essuie leurs larmes, prévient leur désespoir, soutient leur courage, et sacrifie en riant tous ses momens à leur bonheur. »                           ( N. )

*** « Le corps politique, a dit Rivarol, est comme un arbre. A mesure qu'il s'élève, il a autant besoin du ciel que de la terre. » Rivarol ne s'est exprimé ainsi que parce qu'il sentait bien, à n'en pas douter, que le ciel (il parle à l'esprit et au cœur, et les lois ne parlent qu'à l'esprit) est l'autorité qui en impose le plus à l'imagination de l'homme, celle à laquelle il se soumet

Avec eux, paix, amour, gloire, félicité *.

  Tel est le sûr moyen, le seul moyen propice
Qu'offrent la piété, la bonté, la justice,
Pour jouir constamment du sort le plus heureux,
Pour se faire chérir, se rendre vertueux ;
Pour vivre sans tourment, sans crainte et sans faiblesse ;
Pour suivre les conseils de la haute sagesse,
Pour supporter ses maux et doucement mourir
Sans regret du passé, sans peur de l'avenir,
Pour atteindre au bonheur, sans exciter d'envie ;
Pour le goûter enfin même en perdant la vie **.

plus volontiers, qu'il révère davantage et le console
mieux dans ses peines, dans ses malheurs et dans ses
souffrances, et le soutient le plus quand il est tourmenté p r tro  de faiblesse et de sensibilité ; quand, en
un mot, da s l'état de maladie, il a perdu tout espoir
de  onserver son existence, et entend, hélas! sonner la
dernière heure de sa vie  Où Rivarol ne jugeait que
d'après la théorie, j'ai jugé d'après l'expérience.

  * La philosophie dit : Usez, n'abusez point....
    Evitez les erreurs de l'indocilité
    Et les honteux excès de la crédulité ;
et la philosophie n'est point écoutée.

  La religion dit : Crois, et mets en pratique ; et la
religion se fait obéir.

  ** Les vers qu'on vient de lire sont tirés, en grande
partie d'un recueil de pièces sur l'homm , où, sans
louer ni blâmer, il est considéré sous divers points
vue opposés.

# DISCOURS

PRONONCÉ LE 25 AVRIL 1816,

*A l'occasion de la bénédiction du Drapeau, déposé dans l'Église de la Paroisse de Gentilly.*

Les discours dictés par la modération, où l'écrivain n'admire ni ne méprise rien, doit inspirer plus de confiance que les déclamations de la haine et les exagérations de l'enthousiasme.      M. HERM.

AUDITEURS,

LES yeux portés sur ce drapeau, objet aujourdui chéri et révéré des Français comme il l'était jadis, je m'étais proposé d'abord de fixer pendant quelque temps votre attention ; mais pensant qu'il valait mieux en dire peu pour être moins oublié, et persuadé, si je me fusse étendu, que je n'aurais, sans doute alors, que prolongé la cérémonie sans intéresser davantage, je me suis borné à faire une simple observation à la suite de ces mots que je vous rappelle ; *de l'union, la paix et la force*. Puisse cette observation qui tient, qui se rattache au sujet pour lequel nous sommes rassemblés dans ce temple, vous faire sentir, au moins entrevoir, toute l'importance de ces mêmes mots : *de l'union, la paix et la force !*

Ah ! si ce que je me suis proposé de vous dire était bien entendu, bien compris, et sur-tout bien mis en pratique par la généralité des hommes ; oui, par-tout, dans tous les empires, sur tous les points habités de la terre, par-tout régnerait la tranquilité, le bonheur, puisque par-tout, pendant leur vie passagère, régnerait la plus belle harmonie entre les hommes, quelque fussent les nuances, qui pourraient mettre quelque diversité dans leur manière d'envisager les choses.

Auditeurs, j'en appelle, non pas à votre

imagination, mais à votre jugement; non pas à votre esprit, mais à votre raison éclairée : vous allez vous-même décider, si ce que je vais énoncer ne semblerait pas être l'expression du sentiment uni au bon sens.

*De l'Union*, ai-je dit, *la Paix et la Force.* J'en tire cette conséquence : heureux les hommes qui, dans quelqu'état que soient les choses, quelles que soient les circonstances où ils se trouvent, ont le bonheur de se faire distinguer par la sagesse et la douceur des principes qu'ils ont adoptés : et si, par leur position, ils ont quelqu'influence sur les individus qui les entourent, quel sujet de satisfaction pour leur cœur, ( se gardant bien d'irriter les passions ) quand ils peuvent contribuer par leur prudence, leur réserve et leurs bons conseils, à maintenir au milieu d'eux la bonne intelligence, le parfait accord; et, par devoir et par amour, comme le commande le St. Évangile, à faire ensorte que chacun soit soumis aux lois qui le gouvernent; ait du respect pour les autorités, et ne cesse jamais d'avoir de la vénération pour le chef de l'état.

Il y a 25 ans, et même plus, si les gou-
vérnés, êtres passifs en fait de gouvernement,
ne s'étaient point écartés de ces principes,
ne les avaient point méprisés, foulés aux pieds,
en serait-il résulté, comme l'expérience ne
nous l'a que trop appris, cet enchaînement de
crises, de malheurs, de calamités, de dé-
sastres épouvantables, dont nous avons été
n'aguère nous-mêmes témoins, tous malheureux effets, tous résultats nécessaires, n'en
doutons point, des premiers égaremens des
sujets envers leurs souverains.

Oui, dans les secousses qui agitent un état,
quand le peuple y prend part, aveugle dans
sa marche, méconnaissant toute autorité,
abusant de sa force, qui alors cesse d'être
légalemeut dirigée, semblable à un ouragan
terrible, il renverse avec furie tout ce qui
se présente à sa rencontre. Le sacré comme
le profane n'est point respecté. Rien n'est
épargné. Tout est détruit. Il ne laisse après
lui que ruines, que dévastations, que d'hor-
ribles ravages longs et difficiles à réparer.

A l'époque où je me suis reporté, si chacun
eût respecté le gouvernement établi, eût bien

11*

observé les lois existantes, eût rempli avec
honneur, avec loyauté, sagesse et justice les
devoirs qu'il avait à remplir, il est de toute
certitude, de toute vérité que l'on aurait jamais vu naître parmi nous, au milieu de
nous, une révolution qui a rendu victime,
qui a dévoré, pour ainsi-dire, une généra-
tion toute entiere. Notre infortuné et bon roi
Louis XVI, entouré de son auguste et heureuse famille aurait vécu paisible sur son trône.
Le peuple français restant uni, ce trône
n'aurait point cessé d'être l'un des premiers,
des plus puissans, des plus glorieux du monde.
Les grands du royaume auraient vécu honorés
à l'ombre de ce même trône, et le peuple,
qui n'aurait point servi d'instrument à l'ambition, n'aurait pas cessé de vivre satisfait à
l'ombre des autorités, qui toutes, dans un
gouvernement loyal, ne sont établies que
pour la sûreté, la tranquillité, enfin que pour
le bonheur de la société entière.

Ne pouvant faire entendre ma voix au-delà
de cette enceinte, animé du véritable atta-
chement dû au souverain qui nous gouverne,
du véritable et constant amour de la patrie,

puissent au moins ceux qui aujourd'hui, qui
à cet instant me prêtent attention, bien graver
dans leur cœur les simples observations que
j'ai faites ; et, avec la résignation aux décrets
de la providence, avec le pardon des injures
et l'oubli du passé, puissent-ils mettre toujours
en pratique les principes qu'elles renferment,
puisqu'avec eux, plus de divisions, plus
de bouleversemens, plus jamais, jamais de
révolutions.

Ce drapeau, déployé sous nos yeux, que je
regarde comme un hommage rendu à la religion, et comme un hommage rendu à notre roi,
après qu'il sera béni, et placé près ou au-dessus
de l'autel, puissent ceux qui, pendant et après
notre existence, porteront sur lui leurs regards,
toujours se dire qu'avec lui nous avons re-
conquis une paix solide avec l'étranger ;
qu'avec lui le sang a cessé de couler ; qu'avec
lui a reparu la race de nos anciens rois, de ces
rois, qui pendant nombre de siècles, ont gou-
verné la France, notre patrie ; qu'avec lui, en
un mot, nous avons vu renaître à jamais la tranquillité, revivre le commerce, refleurir la
religion, et par suite les mœurs se rétablir,

seules et uniques bases du bonheur général et particulier, du bonheur de tous, et conséquemment du bonheur de chacun de vous, qui assistez à la cérémonie du jour, à laquelle je vais à l'instant procéder.

Ce discours fut écouté avec calme; et, après la cérémonie, l'orateur eut la douce satisfaction d'entendre dire à plusieurs personnes, la main posée sur le cœur : *M. le Curé, l'impression en est restée là !*

Le souvenir de ce fait, le peu d'étendue du discours, la demande réitérée qui en a été faite, et principalement l'espoir qu'il pourrait rappeler à l'esprit de modération, ne fut-ce qu'un seul homme exagéré, enthousiaste : tels sont les motifs qui ont déterminé son auteur à le mettre au jour. Puisse-t-il aujourd'hui être goûté à la lecture comme il le fut lorsqu'il a été prononcé au milieu d'un nombreux auditoire !

# EXTRAITS DE LETTRES

*Sur un projet relatif aux Savans qui se seraient le plus distingués , dans le cours d'un siècle , dans les Sciences , les Arts ou les Lettres , adressés aux Membres composant le Conseil municipal de la ville de Caen et des autres villes du royaume.*

MESSIEURS ,

PLUSIEURS de mes compatriotes, que l'amour de la patrie portait à s'intéresser à tout ce qui peut contribuer à son illustration, ayant eu connaissance de ce que j'avais écrit, en 1811, à M. Lantaigne-Longivière , alors maire de Caen, sur Malherbe, Ségrais et Malfilâtre, désirèrent qu'il fut rendu public. C'est ce qui me détermina à citer , à la suite de mon *Essai sur les Catacombes de Paris* , les passages de mes lettres , qui avaient rapport aux trois poètes les plus célèbres de la principale ville du Calvados , chef-lieu du département.

Aujourd'hui, Messieurs, d'après les nouvelles observations qui m'ont été faites, et l'hommage qu'a rendu l'an dernier (1820) le gouvernement actuel à plusieurs de nos grands hommes, en envoyant leurs statues dans les villes où ils ont pris naissance, ou dans lesquelles ils auraient rempli avec distinction des places éminentes *, je remets sous vos yeux les mêmes passages dont j'ai fait mention plus haut; et présumant qu'elles ne nuiraient point à l'exécution du projet qu'ils renferment, j'y ai joint une lettre de M. Aimé Lair, membre de l'académie de Caen et secrétaire de la Société royale d'agriculture et du commerce du Calvados, et la réponse à laquelle sa lettre a donné lieu.

Puissent, Messieurs, les pages que je vous adresse, et aux amis des sciences, des arts et des lettres, contribuer à l'élévation des monumens dont il est parlé, en portant à cette œuvre, que l'on pourrait appeler nationale, tout homme jaloux de voir sa ville natale ou celle dans laquelle il aurait fixé sa résidence, se distinguer par l'hommage qu'elle aurait rendu à ce qu'elle renfermait de plus précieux dans son sein !

--------

* Tels que ceux de Montesquieu, pour Périgueux; de Turgot, pour Limoges; de Pascal et de Delille, pour Clermont-Ferrand, et de Ducis pour Versailles.

# EXTRAITS DE LETTRES

## SUR

## MALHERBE, SÉGRAIS, MALFILATRE, etc.

---

Dans ma première lettre, où je rappelais à M. Lanlaigne - Longivière, maire de la ville de Caen, les noms des illustres poètes, nos compatriotes, je me suis exprimé ainsi à leur sujet :

« En reconnaissance du plaisir, des jouissances agréables que, par leurs ouvrages, ils ont procurés à nos pères, qu'ils nous procurent, et qu'ils procureront encore à ceux qui doivent nous succéder, et de l'honneur qu'ils font à notre ville ; si, Monsieur, à l'exécution des projets adoptés par le gouvernement *, l'on ajoutait, par forme de souscription, l'érection de trois statues qui figureraient les trois siècles littéraires dans chacun desquels

---

* L'un des grands projets adoptés par le gouvernement d'alors fut celui de construire à Caen un port de

ils ont pris naissance, celle de Malherbe\*,
celle de Ségrais \*\*, chantés par Boileau. et celle
de Malfilâtre \*\*\*, ne serait-ce pas rendre à ces
auteurs un hommage bien mérité? Et, en élevant ces statues au milieu des places qu'ils
auraient habités, quels effets d'ailleurs les
images, les représentations de ces hommes,
qui illustrent la ville qui les a vu naître, ne
produiraient-elles pas sur les imaginations
vives et ardentes? Quand elles ne contribue-
raient qu'à produire, dans chaque siècle, un
nouvel émule de leurs talens, en excitant, en

---

mer, pour lequel il avait été accordé une somme de
600,000 francs. L'exécution de ce grand projet, qui,
depuis plusieurs siècles, avait été vainement proposé,
aurait été l'époque la plus mémorable dans l'histoire
du Calvados, et la plus intéressante pour son chef-lieu.

\* Né en 1525, mort en 1628.

\*\* Né en 1624, mort en 1701.

\*\*\* Né en 1733, mort en 1767. Quoique décédé à la
fleur de son âge, i n'y a pas de doute que si ce poète
eût vécu du temps de Boileau, il aurait acquis, comme
les deux autres, des droits à son estime, par son *Génie
de Virgile*, son *Poëme de Narcisse dans l'isle de
Vénus*, son *Ode fixe au milieu des Planettes*, et
d'autres Pièces, où l'on remarque également les inspi-
rations les plus heureuses du génie.

enflammant son esprit au point de lui faire chanter dignement, par quelque production durable, les hauts faits des nations, l'ordre et l'harmonie qui règnent dans les sphères célestes ou les grandes merveilles que présente la nature. Quand il n'en résulterait, au lieu d'arbres superbes, que de beaux arbustes ou des fleurs agréables, combien n'aurait-on pas encore à s'en applaudir? Les noms d'Anacréon ou d'Horace ne résistent-ils pas aussi bien que ceux d'Homère et de Virgile à la faulx destructive du temps? »

M. le maire me fit l'amitié de répondre une lettre, dont voici la partie qui concernait le sujet dont j'entretiens de nouveau le lecteur.

« J'ai lu, Monsieur, avec intérêt et reconnaisance votre lettre du 23 dernier (juillet 1811).... Vos vues sur la consécration de plusieurs monumens, en mémoire des grands hommes qui ont honoré notre patrie, seront un jour remplies ; mais l'état de nos finances en retardera l'exécution. Il me sera doux, mon cher compatriote, de vous proclamer au nombre des premiers qui auront offert une souscription. . . . . . . . . . . . »

Après une réponse aussi satisfaisante, je hasardai la lettre qui suit :

« Monsieur, puisque vous avez eu la bonté de prendre en considération l'idée dont je vous ai fait part, ne soyez pas étonné de m'y

12

voir revenir, et d'y en ajouter une nouvelle. Je
vous écrivais que notre ville, autant par justice que par reconnaissance, devait élever des
statues en l'honneur de Malherbe, de Ségrais
et de Malifâlre * ; hé bien, après l'érection de
ces trois statues qui, comme je l'ai observé,
figureraient les trois siècles littéraires, dans
chacun desquels ces auteurs ont pris naissance, veut-on voir produire un effet encore
plus grand peut-être que celui qu'on aurait
lieu d'en attendre? Vous allez sans doute être
plus que surpris. Après l'érection des trois statues de nos trois poètes qui se sont le plus
distingués dans chacun des trois derniers
siècles, qu'un beau piédestal, en bronze ou
en marbre, soit également dressé dans un
des lieux les plus apparens de la ville, et sur
celle de ses faces qui seraient le plus en vue,
qu'il soit écrit en letrres d'or :

A SON PLUS GRAND HOMME

DU IV^{me} SIÈCLE LITTÉRAIRE,

LA VILLE DE CAEN

SERA RECONNAISSANTE.

---

* Si nous avions eu à parler des savans nés à Caen,
qui se sont également rendus célèbres. nous aurions
cité d'abord les noms de Huet, évêque d'Avranches,
et de Varignon. Tous les deux ont écu sous le règne de
Louis XIV, et tous les deux ont été du nombre des
grands hommes qui ont illustré son siècle.

» Un hommage aussi éclatant à rendre au savant le plus distingué, dont elle aurait été le berceau ne donnerait-il pas encore, dans les temps à venir, à notre ville, plus de célébrité, en augmentant le nombre de ses grands hommes *. Une perspective aussi glorieuse pour tout auteur contemporain, et qu'on renouvellerait au commencement de chaque siècle, n'agrandirait-elle pas, en effet, et n'élèverait-elle pas, au point le plus haut, le nourrisson des muses qui se sentirait capable ** ? Et puis, ces érections généreuses de monumens, pour immortaliser les noms de leurs concitoyens qui auraient été les plus grands d'entre eux, n'auraient-elles pas des résultats bien flatteurs pour ceux-là même qui auraient ainsi rendu justice à leurs grands hommes des siècles passés, et auraient travaillé à en former de plus grands encore ? Pendant leur vie, ils mériteraient bien de

---

* Ce que nous sollicitons pour notre ville, ne devrait-il pas être également demandé pour la capitale et les autres villes du royaume ? Il y a long temps, ce nous semble, que des propositions de ce genre auraient dû être faites par des hommes d'un mérite distingué, comme les plus intéressés à leur exécution.

** « Honorons les grands hommes, et les grands hommes naîtront en foule. »                    (THOMAS.)

leurs concitoyens , et quand ils auraient cessé
de vivre, ils mériteraient bien de la postérité.

» Cette nouvelle idée, Monsieur, d'un piédestal à placer pour y élever la statue de notre
compatriote, qui , dans l'espace du siècle présent et dans celui de chaque siècle à venir, se
serait le plus distingué dans les sciences, dans
les arts ou dans les lettres; cette nouvelle idée
doit-elle être regardée comme faisant suite à
celle des statues de nos premiers poètes , et
mérite-t-elle d'être prise aussi en considération, ou ne doit-elle être envisagée que comme
un écart d'imagination ? Je vous en fais encore
Juge. »

> L'ami sincère de son pays, et l'un de ceux
> qui désirent le plus de le voir illustré, a
> l'honneur d'être,

> Monsieur,

> *Votre très-humble et très-obéissant
> serviteur,*

> T. Detruissard.

Sept ans après l'impression de ce qu'on
vient de lire, je reçus une lettre de M. Aimé
Lair : elle est datée du 6 mars 1819. Comme
elle a rapport aux extraits des lettres précédentes , j'en citerai les deux passages qui y
sont relatifs, et la réponse à laquelle ils ont
donné lieu.

Voici les passages de sa lettre :

« . . . . . . . Vous avez, Monsieur, exprimé,
dans un de vos écrits, le vœu de voir élever
un monument à Malherbe. Nous avons rempli
en partie votre intention, en faisant frapper
une médaille en l'honneur de notre illustre
poète. . . . . M. Le Bailly, votre ami et le mien,
m'avait engagé d'aller vous voir à Gentilly,
dans l'intention de vous proposer de souscrire
pour notre médaille : mais nous n'avons jamais pu trouver un jour favorable pour vous
faire cette agréable visite. Si vous voulez bien
consentir à devenir souscripteur et vous joindre
à nous pour rendre hommage au père de la
poésie, veuillez bien, lorsque vous viendrez à
Paris, passer chez M. Lance, notre compatriote et libraire, rue Groix - des - Petits-
Champs, n° 5o, près celle Coquillère : il a le
dépôt de nos médailles. Je vous prie de lui
laisser vos noms et prénoms, afin que nous
les fassions imprimer sur la deuxième liste des
souscripteurs. . . . . . . . . . »

Voici la réponse qui fut faite à ces extraits :

« Vous ne sauriez croire, Monsieur, combien a été vif le plaisir que j'ai goûté au reçu
de votre lettre, en voyant que l'on s'était
réellement occupé de ce qui pouvait avoir
rapport à la gloire du premier poète qui a
tant honoré notre ville. Oui, Monsieur, je

12*

souscrirai à la médaille qui a été frappée, principalement à la satisfaction des hommes de lettres ; mais, permettez-moi de vous l'observer, dussé-je n'être inscrit que sur la troisième liste des souscripteurs, ce ne sera que quand le registre, pour l'érection de sa statue, sera ouvert.

» Lorsqu'en l'an 1811, ainsi que vous avez dû le voir dans ma *escription des Catacombes de Paris*, je fis part à M. Lantcigne-Longivière de mes idées relatives à Malherbe, à Ségrais et à Malfilâtre, je ne m'attendais pas que, pour toute réponse, l'on se rejeterait toujours sur la difficulté de trop grands sacrifices *.

» Monsieur, je dois le dire encore avec la même confiance à un ami éclairé des arts :

---

* « Depuis long-temps, avait dit M. Lair dans l'une de ses circulaires pour la médaille, on désirait qu'il fût élevé un monument à la mémoire de Malherbe, le p  re de la langue et de la poésie française : on avait particulièrement manifesté ce désir dans la ville de Cae , qui se glorifie de lui avoir donné naissance ; mais la difficulté d'exécuter un projet qui nécessitait de trop grands sacrifices, nous a suggéré l'idée d'un hommage simple…. ( celle de la médaille ). La liste que nous publions aujourd'hui comprend déjà plus de mille souscripteurs. »

L'intérêt personnel, le sacrifice de quelques écus peuvent-ils donc être mis en balance avec l'hommage à rendre à des compatriotes célèbres, et avec des monumens glorieux pour sa ville natale?

» Combien d'hommes, par des travaux utiles ou agréables à la ville qui les a vu naître, ne se sont-ils pas fait remarquer? J'ai eu sous les yeux, dans ma jeunesse, un grand exemple de ce genre de désintéressement. Ce ne fut point, en effet, un millier et plus de souscripteurs qui contribuèrent au beau monument qui a donné le nom que portait, il n'y a pas encore trente ans, la place voisine de la maison de Malherbe * Ce ne fut point le même nombre de souscripteurs qui contribuèrent à élever les autres monumens que, dans mes premiers ans, j'ai vus encore debout sur les places Saint-Pierre, Saint-Sauveur et au haut de la rue Saint-Martin : je pourrais ajouter, et un superbe autel placé au centre de l'église des Cordeliers, dont j'ai encore présent à la mémoire et la forme et la richesse. Ce ne fut point, dis-je, un millier et plus de souscripteurs qui contribuèrent à toutes ces entreprises: ce fut un seul homme, l'abbé de Saint-Martin.

---

* Celui de la place de la Belle-Croix. Cette croix et son piédestal étaient couverts d'une sculpture remarquable par le dessein et le fini.

» Et les membres composant la préfecture, la mairie, les tribunaux, l'académie des sciences, arts et belles-lettres ; la société royale d'agriculture et de commerce ; le lycée, les écoles de droit, de médecine, etc,; hé quoi! sans compter les amateurs qui vivent isolément, tous ces secours réunis ne suffiraient pas pour élever des monumens moins dispendieux peut-être que ceux qui, comme je l'ai dit, furent élevés par un seul homme? Non, Monsieur, je ne puis le croire ; c'est qu'on ne l'a pas encore voulu *.

» Comme il est juste que l'exemple en tout marche avec le conseil, voici mes intentions : Sitôt que le registre pour le premier monument, celui de Malherbe, sera ouvert, je vous prie, Monsieur, d'y faire inscrire pour moi 50 francs, et 5 francs sur celui qui est établi pour la médaille, sommes que j'enverrai au premier avis ; et à chaque monument qui s'élèvera pour représenter chaque siècle littéraire, je compterai la somme de 50 francs.

» Monsieur, parvenu à ma soixantième

---

* Si par les moyens que nous indiquons on ne parvenait pas au but désiré, ne serait-il pas convenable de proposer la souscription dans toute l'étendue du département? Aussi bien que la cité ou le village qui les a vus naître, les grands hommes n'honorent-ils pas le département et même le royaume ou l'empire auxquels ils appartiennent?

année, pour que je puisse jouir de cette satisfaction, il serait bon que l'on souscrivît de
suite ; car alors qu'on est arrivé à cette époque
de la vie humaine, à moins d'une prompte
exécution, on a peu d'espérance de voir ses
vœux réalisés.

» Si vous jugez ma lettre de quelqu'intérêt
pour ceux qui, comme vous, seraient portés à
prendre en considération les vues qu'elle renferme ; qui, comme vous, conservent dans
leur cœur le sentiment de la vraie gloire, l'a-
mour de leur patrie, et qui, par leur attache-
ment au pays qui les a vu naître, seraient jaloux de contribuer à ce qui ne peut que l'honorer, vous pourrez en disposer, selon qui'l
vous paraîtra convenable.

» Avec toute la considération que vous mé-
ritez, pour tous les services que, par vos lumières et vos utiles travaux, vous avez rendu
et rendez à notre ville et notre département,

J'ai l'honneur d'être,

*Votre tout dévoué serviteur,*

T. Detruissard.

P. S. Dans l'exécution du projet dont il est question, ce qui me plaît, et ce qui doit également vous
plaire, c'est que M. Le Bailly, notre ami commun,
pourrait bien mériter d'être placé sur le piédestal des-
tiné à attendre le quatrième siècle littéraire person-

nifié. S'il en arrivait ainsi, ce serait l'amitié qui tout
à la fois aurait rendu hommage à l'amitié et au talent.

———

A tout ce que je me suis permis de dire sur M. Le
Laby, je n'ai pu m'empêcher de joindre ce que j'ai
exprimé dans une des notes qui sont à la suite d'un
apologue que je fis imprimer en 1813 J'espère qu'on
ne le pardonnera en faveur du motif qui m'y a déterminé.

Après avoir parlé des ouvrages de cet intéressant fa-
buliste, tel est le jugement que sans flatterie, sans que
l'*exagération de l'amitié* y ait eu la moindre part,
j'ai cru devoir porter de lui-même. — Malgré notre
crainte de blesser la modestie de cet estimable littéra-
teur, nous ne pouvons nous empêcher de faire connaître ce que nous pensons de son caractère. Aux ma-
nières simples et enjouées, douces et honnêtes qu'il
montre et l'esprit vif et agréable dont il est heureu-
sement doué, nous avons remarqué qu'il joignait la
bonté du cœur, cette qualité si belle, si rare et si ad-
mirée; cette qualité qui fait les hommes, et qui seule
inspire une confiance bien fondée. Oui, d'après des
faits parvenus à notre connaissance, personne ne peut
être plus que nous convaincu que ce moraliste est du
petit nombre de ceux qui mettent en pratique ce qu'ils
se font un devoir d'enseigner aux autres.

**FIN.**

# ERRATA.

Pag. 21, lig. 9, au lieu des mots : aux deux extrémités, lisez : *aux deux côtés.*

Pag. 25 . après la ligne 13, ajoutez : C'est principalement aux soins de M. Desportes, l'un des adminis-
trateurs les plus distingués des hospices de Paris, etc.,
que l'on doit les embellissemens qui aujourd'hui en
ont des établissemens agréables à voir.

Pag. 33, lig. 13, après ces mots : occupent ce point,
ajoutez : ( *le Grand-Gentilly.* )

Pag. 35, lig. 16, au lieu des mots : depuis onze ans,
lisez : *depuis dix ans.*

Pag. 41, lig. 9, après le mot disputes, ajoutez (22).

Pag. 45, lig. 17, au lieu du mot Beaulieu, lisez :
*Beauchénes.*

Pag. 84, lig. 1, au lieu des mots : à l'espoir d'un
regret, lisez : *à l'espoir d'un regret.*

Pag. 112, lig. première, au lieu du mot consiste,
lisez : *consistent.*

Pag. 115, après le quatrième vers, on a oublié de
placer celui-ci :

En observant les lois que prescrit la nature,

Pag. 152, lig. 5, après ces mots : au milieu des
places, ajoutez : les plus voisines des lieux où ils auraient pris naissance, ou qu'ils auraient habités.

# ÉTAT GÉNÉRAL DE LA POPULATION DE LA

Dressé au 1 Décembre 1820, par ordre de M. le

| DÉSIGNATION de la Commune et de ses annexes. | NOMBRE des | | POPULATION FIXE ET PAR SEXE. | | | | | | |
|---|---|---|---|---|---|---|---|---|---|
| | Maisons | Feux ou Ménages. | Garçons. | Hommes mariés. | Veufs. | TOTAL du sexe masculin. | Filles. | Femmes mariées. | Veuves. |
| GENTILLY. . . . . . | 116 | 336 | 257 | 252 | 16 | 525 | 280 | 264 | 53 |
| PETIT - GENTILLY. . . | 62 | 128 | 74 | 112 | 7 | 193 | 101 | 109 | 14 |
| MAISON - BLANCHE Et barriè e de Fontainebleau | 58 | 173 | 129 | 112 | 8 | 249 | 130 | 110 | 20 |
| MOULIN - DES - PRÉS Et le Bel-Air. . . . . . | 4 | 10 | 12 | 8 | » | 20 | 11 | 7 | 1 |
| LES ÉCARTS. . . . , . | 16 | 23 | 28 | 21 | 1 | 50 | 15 | 18 | 2 |
| BICÉTRE { HOSPICE. . . | 1 | 65 | 43 | 30 | 3 | 76 | 48 | 43 | 14 |
| BICÉTRE { PRISON. . . | 1 | 8 | 4 | 8 | » | 12 | 6 | 8 | » |
| TOTAUX. . . . . | 258 | 743 | 547 | 543 | 35 | 1125 | 591 | 559 | 104 |

# NE DE GENTILLY,

*Département de la Seine.*

| TOTAL de la population fixe des deux sexes. | POPULATION DU MOBILE. | | | | TOTAL de la population fixe et mobile des deux sexes. |
|---|---|---|---|---|---|
| | Noms des établissemens dans lesquels a été recensée la population mobile. | Par Sexe | | TOTAL des deux sexes. | |
| | | masculin. | féminin. | | |
| 1122 | Maison d'Éducation. | 150 | | 150 | 1272 |
| 417 | Maison de Santé. | 14 | 17 | 31 | 448 |
| 509 | | | | | 509 |
| 39 | | | | | 39 |
| 85 | | | | | 85 |
| 181 | Indigens. . . . . . | 2888 | | 2888 | 3069 |
| 26 | Prisonniers. . . . . | 850 | | 850 | 876 |
| | Garnison Vétérans. | 85 | | 85 | 85 |
| 2379 | | 3987 | 17 | 4004 | 6383 |

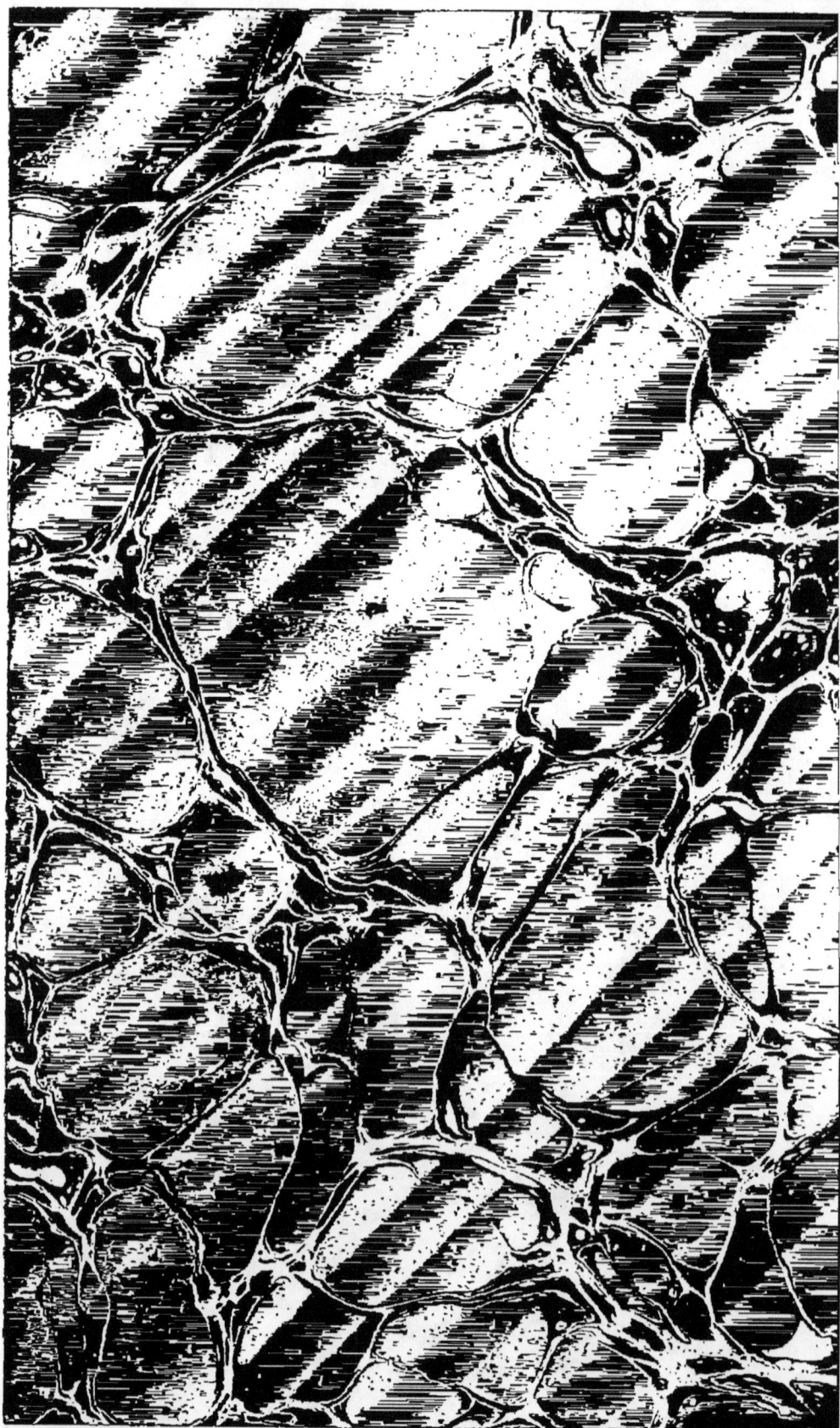

www.ingramcontent.com/pod-product-compliance
Lightning Source LLC
Chambersburg PA
CBHW070804290326
41931CB00011BA/2127